THE Maltese Falcon

DOUBLE INDEMNITY

The Wrong Man

GUN CRAZY

HE'S A
WHEN

KILLER
HE HATES!
HUMPHREY
BOGART
MARY
ASTOR

Mac
M

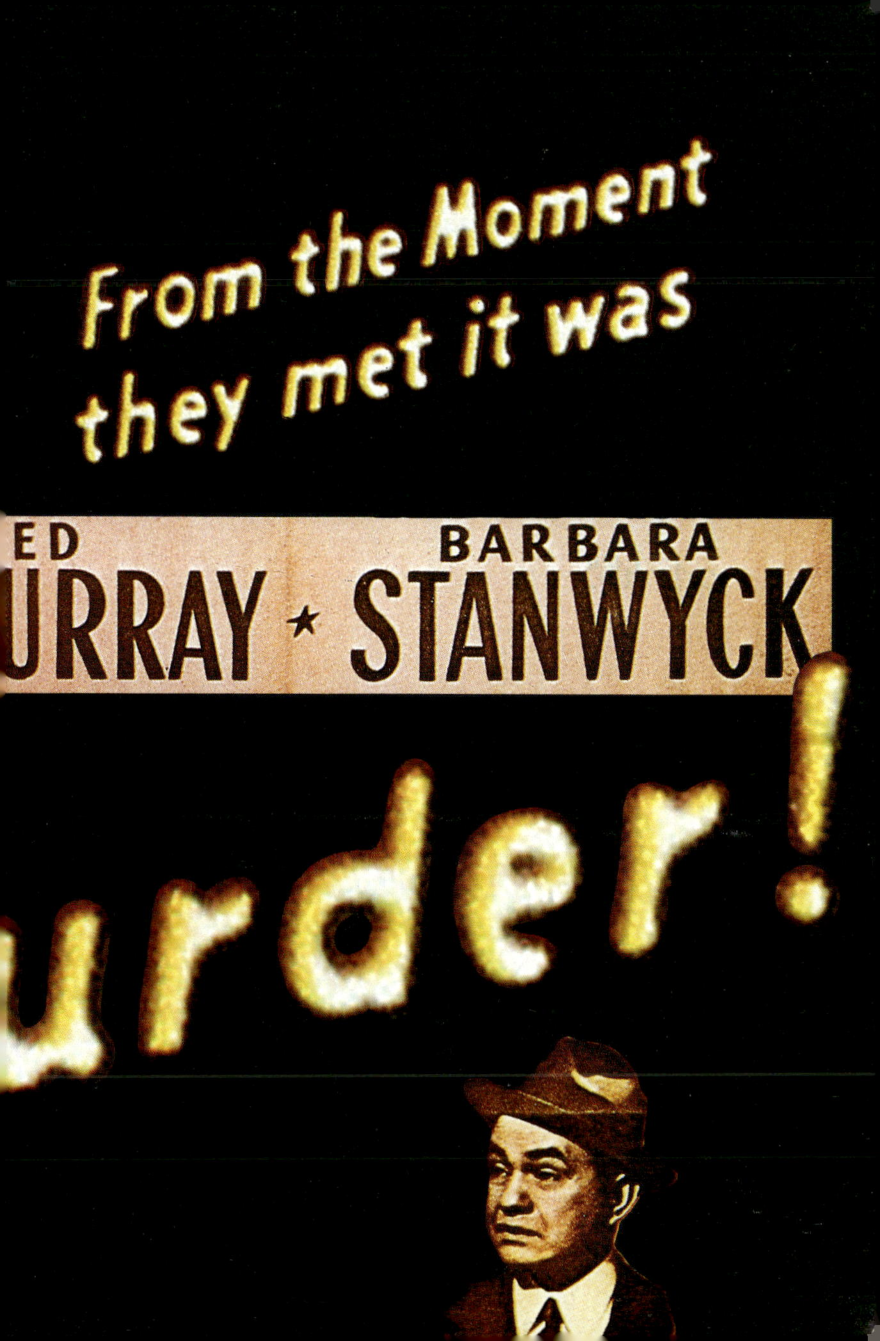
From the Moment
they met it was
ED
BARBARA
URRAY ★ STANWYCK
urder!

Somewhere...
somewhere...

there must
be the
right
man!

HENRY FONDA and
VERA MILES

THRILL CRAZY...
KILL CRAZY...

starring
PEGGY CUMMINS
JOHN DALL
From Tne
SATURDAY EVENING
POST Story by
MacKINLAY KANTOR

Michel Ciment est maître de conférences en civilisation américaine à l'université de Paris-VII et membre du comité de rédaction de *Positif*, revue de cinéma à laquelle il collabore depuis 1963. Il est l'auteur d'une dizaine d'ouvrages dont *Kubrick, Le Livre de Losey, Kazan par Kazan, Les Conquérants d'un nouveau monde, Le Dossier Rosi, Schatzberg de la photo au cinéma* et *Boorman, un visionnaire en son temps*. Producteur de *Projection privée* sur France-Culture, il participe régulièrement au *Masque et la plume* et au *Panorama*. Il est co-auteur de quatre portraits filmés de Wilder, Kazan, Rosi et Mankiewicz.

*A Evelyn*



*1er dépôt légal : avril 1992*
*Dépôt légal : août 1999*
*Numéro d'édition : 92955*
*ISBN : 2-07-53195-3*
*Imprimerie Kapp Lahure Jombart, à Évreux*

# LE CRIME À L'ÉCRAN
## UNE HISTOIRE DE L'AMÉRIQUE

Michel Ciment

DÉCOUVERTES GALLIMARD
CINÉMA

Le cow-boy et le gangster sont les deux grandes figures légendaires de l'Amérique. Ils incarnent une nation jeune, puritaine, qui naît dans la violence et réduit volontiers les problèmes à des contrastes simples : blanc et noir, bien et mal. Plus ou moins populaires selon les périodes, ils accompagnent aussi toute l'histoire du cinéma américain, le western prospérant le plus souvent dans les époques où règne l'optimisme, le film criminel exprimant davantage les années sombres que traverse le pays.

CHAPITRE PREMIER

# CRIMES EN SILENCE

Un innocent attend la mort au fond de sa cellule. Cette scène classique du cinéma criminel a inspiré à Cecil B. DeMille cette image forte et inquiétante du *Rachat suprême* (1918).

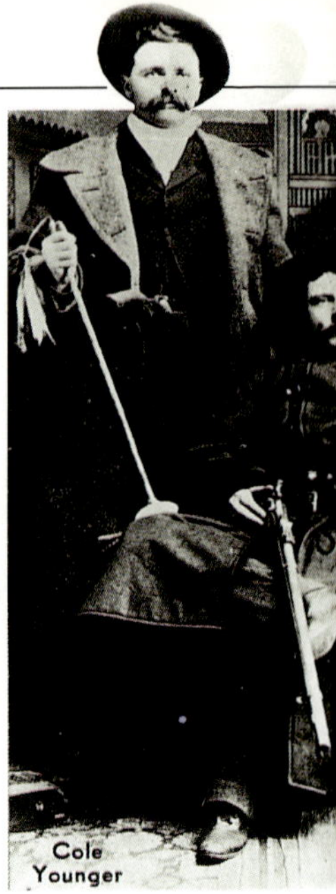


Jesse
James

Le cinéma naît en 1895, au moment même où la frontière de l'Ouest se ferme, où les espaces vierges ont fini d'être explorés et conquis, où l'espoir d'un territoire en expansion continue s'évanouit. Même si pendant quelques années le western est contemporain de Hollywood (Los Angeles n'est pas loin de certains lieux mythiques de la saga de l'Ouest, tels l'Arizona ou le Nouveau Mexique), il devient très vite un genre lié au passé et teinté de nostalgie, représentant une Amérique aux valeurs élémentaires.

En revanche, le film criminel apparaît avec le développement de la vie urbaine; il s'identifie toujours au présent du pays dont il reflète les soubresauts. Il faut attendre *Les Fantastiques Années vingt* (1939) de Raoul Walsh pour que le cinéma criminel jette un premier regard rétrospectif sur l'époque des gangsters, et ne soit plus exclusivement synchrone avec les événements qu'il relate.

**Entre western et film criminel, une frontière incertaine**

Les deux genres offrent pourtant des parallèles frappants, au-delà de leur différence profonde. Le shérif annonce le policier, le hors-la-loi le

L'*Attaque du grand rapide* (1903) d'Edwin S. Porter, un film de douze minutes, fut tournée dans l'Est mais est censée représenter le Far-West. Son réalisme et son art du suspense annoncent le film criminel et le western. William S. Hart (en bas), première vedette du muet, était un ancien cow-boy.

gangster, le saloon le bar, l'entraîneuse la vamp, le cheval l'automobile. Ils traitent tous deux de la loi et de l'illégalité, et l'usage constant de l'arme à feu leur est commun ; mais à l'espace du western, ouvert, horizontal et optimiste, s'oppose le décor urbain, vertical, oppressant et pessimiste du film criminel.

Déjà dans le premier film de fiction célèbre de l'histoire du cinéma américain, *L'Attaque du grand rapide* (1903) de Edwin S. Porter, les frontières se révèlent floues entre le western et le film criminel. L'attaque d'un train par des hors-la-loi en rase campagne se retrouve par exemple dans un film de gangsters, comme *L'enfer est à lui* (1949) de Raoul Walsh. C'est également dans le film de Porter qu'un malfrat pointe son revolver en direction du spectateur, première image du cinéma où le public est visé et comme pris à témoin.

Deux ans plus tard, avec *La Vie d'un policier américain* (1905), Edwin S. Porter pose à nouveau les fondements d'un type d'histoire qui deviendra fort populaire : la vie privée et professionnelle du policier. Ce film met en scène un policier en famille, aidant une enfant perdue à retrouver ses parents, surveillant la circulation, sauvant une femme qui veut se noyer.

Les frères James et leurs acolytes, les frères Younger, attaquaient les banques et les trains du Missouri, poursuivis par les détectives de l'Agence Pinkerton. Ces brigands bien-aimés ne sont pas très différents des gangsters Bonnie et Clyde évoqués plus tard par Arthur Penn et mourant en pleine campagne. Frank James, disparu en 1915, fut le contemporain des premiers films sur les hors-la-loi.

## Griffith et les primitifs

C'est D. W. Griffith, à bien des égards le fondateur de l'art cinématographique aux Etats-Unis, qui filme avec le plus de force l'Amérique pauvre, celle des bandits et de la criminalité, des faits divers et de la misère. Fils d'un officier sudiste, élevé dans la tradition puritaine, Griffith a une sensibilité et une morale victoriennes ; il vénère Dickens, dont il retrouve l'esprit pour peindre l'enfance malheureuse, les méfaits de l'alcool et du chômage, les agissements des voleurs ou des proxénètes. Ces films d'une bobine (environ quinze minutes), réalisés en quelques jours, dont les scénarios sont fondés sur la poursuite et le sauvetage de dernière minute, sont des modèles de rythme, de suspense et de narration et font accomplir en quelques années des progrès considérables à la technique du récit. Dans *The Fatal Hour* (1908), des Chinois kidnappent des jeunes filles pour les prostituer. *The Lonely Villa* (1909) met en scène une mère et sa fille menacées par des cambrioleurs ; le père, prévenu par téléphone, vient les sauver en voiture. *Le Télégraphiste de Lonedale* (1911) voit des voleurs pénétrer dans le bureau d'une télégraphiste pour s'emparer de la paie. Enfin, *A Terrible Discovery* (1912) raconte l'histoire d'un criminel libéré sous caution qui retourne à la ville, déguisé en femme, pour tuer le procureur qui l'a fait condamner. Avec *Les Mousquetaires de Pig*

Ancien acteur et ancien auteur dramatique sans succès, Griffith s'imposa comme le fondateur de l'art cinématographique. Eisenstein a montré les rapports étroits (technique du récit, sensibilité, etc.) entre ses films et les romans de Dickens (ci-dessus). Il dirige ici Henry Walt Hall.

*Alley* (1912), Griffith signe un chef-d'œuvre qui marque la rencontre de la veine sentimentaliste du cinéaste (la jeune épouse et son mari musicien, tendres victimes), et de sa veine réaliste, incarnée par un personnage moderne de «dur» interprété par Elmer Booth dont l'agilité de corps et la vivacité de gestes annoncent le James Cagney de *L'Ennemi public* (1931), de William Wellman. Ce n'est pas la première fois que Griffith filme des bandits (*For Love of Gold*, en 1908, *A Child of the Ghetto*, en 1910, *The Lily of the Tenements*, en 1910) mais, tournés dans le Lower East Side de New York, *Les Mousquetaires de Pig Alley* rassemblent tous les thèmes et les décors qui feront la fortune des films criminels jusqu'à nos jours : la lutte entre les gangs rivaux, la corruption de la police, le couple heureux agressé par les bandits, le bar où s'affrontent les bandes de malfrats, le dancing comme lieu de rencontre, les impasses aux maisons de briques sales, la misère qui conduit à la délinquance.

Entre 1908 et 1912, Griffith réalise plus de 450 courts métrages pour la Compagnie Biograph, dont un bon nombre inspirés d'histoires criminelles. Dans *Le Télégraphiste de Lonedale*, la fille du télégraphiste, en l'absence de son père, garde le poste, un lieu perdu de l'Ouest près d'une station de chemin de fer. Deux bandits pénètrent par effraction mais elle les tient en échec jusqu'à l'arrivée des secours. La fin du film voit le triomphe du montage parallèle cher à Griffith.

Le peintre John Sloan, auteur du tableau ci-contre (1913), appartenait à «l'école de la poubelle», ces réalistes qui prenaient comme sujet, à l'instar de certains films contemporains, la vie quotidienne des villes américaines.

Les studios de la Biograph où travaillait Griffith se trouvaient à New York. C'est là que furent produits pendant près de vingt ans tous les films américains, à proximité des quartiers populaires et des flots d'immigrés dont les cinéastes pouvaient observer la vie sociale agitée. Avec Edison et Lubin, Biograph mena une lutte farouche contre l'ascension des producteurs indépendants. Ces conflits du monde des affaires faisaient écho au monde de la criminalité évoqué à l'écran.

## Le cinéma, divertissement populaire

Cependant, le réalisme saisissant de ce film ne pouvait vraiment surprendre les spectateurs qui vivaient souvent dans des conditions semblables. Car le cinéma du premier âge s'adresse à un public d'origine modeste (la bourgeoisie, elle, fréquente le théâtre), composé le plus souvent d'ouvriers et d'immigrants fraîchement arrivés qui payent un nickel (cinq cents) pour assister au spectacle, d'où le nom de Nickel Odéon donné aux salles de l'époque. Les salles de cinéma sont situées dans les quartiers pauvres de la ville et appartiennent souvent à des commerçants voisins.

TRADE MARK Thomas A. Edison

## La guerre des premiers producteurs

Les premiers dirigeants des compagnies de cinéma (Edison, Biograph, Lubin, Vitagraph, Selig, Kalem) qui s'associent en 1908 au sein de la Motion Picture Patent Company pour garder le monopole de cette nouvelle invention, sont quasiment tous des bourgeois, anglo-saxons et protestants; ils ont fréquenté l'université, et viennent de l'industrie ou de la science. Les nouveaux exploitants et distributeurs, qui veulent briser leur empire au début des années dix et deviendront plus tard les grands producteurs de Hollywood, sont tous originaires d'Europe centrale, appartiennent à la communauté juive et pratiquent le commerce de détail, ce qui leur permet de connaître le goût du public populaire au sein des ghettos qu'ils habitent. Adolph Zukor, futur fondateur de la Paramount, est hongrois; William Fox, Louis B. Mayer sont russes; Samuel Goldwin et les frères Warner sont polonais; et Carl Laemmle est allemand.

Ces hommes jeunes et ambitieux sont considérés par leurs aînés comme des hors-la-loi; les intrigues et le climat du film criminel de l'époque ne sont pas très différents de l'atmosphère qui règne alors dans l'industrie cinématographique. Ainsi, pendant que la Compagnie Biograph produit *Les Mousquetaires de Pig Alley,* elle envoie ces hommes de main contre les indépendants. La fondation de Hollywood au début des années dix s'explique en partie par le désir de ces derniers d'échapper aux raids punitifs et aux actions légales engagés par le trust. La Californie est loin des tribunaux de New York et la proximité de la frontière mexicaine assure un refuge bienvenu.

Jesse Lasky, Adolph Zukor, Samuel Goldfish (dit Goldwyn), Cecil B. DeMille, Al Kaufman (ci-dessous, de gauche à droite), tous originaires d'Europe centrale et orientale, sont parmi les fondateurs de Hollywood. Lasky fusionna sa compagnie avec la Famous Players de Zukor pour créer la Paramount, la première grande compagnie.

## Le film criminel documentaire

Lorsque Griffith tourne *Les Mousquetaires de Pig Alley,* la guerre des gangs fait rage à New York; le réalisateur s'inspire d'un article de journal tout en engageant de vrais gangsters comme «Kid» Brod et

Les premiers films américains ne donnaient pas les noms des comédiens. Lillian Gish est la vedette des *Mousquetaires de Pig Alley*.

«Harlem Tom» Evans pour jouer dans son film. Ce souci documentaire rejoint le réalisme des photographies de Jacob Riis et Lewis Hine, qui exposent sans fard les rues mal famées de New York et la misère des enfants laissés à eux-mêmes. Mais Griffith n'est pas le seul à dénoncer la pègre.

*Traffic in Souls* (1913) de George Loan Tucker dévoile l'organisation d'une entreprise de traite des blanches dont le patron est un homme fort respectable, fondateur d'une «ligue pour la pureté et les réformes». Une jeune femme est enlevée, conduite dans une maison close, fouettée par le propriétaire tandis que la police encercle le

Les photographies de Jacob Riis (ci-contre) annoncent par leur authenticité le climat des meilleurs films criminels. A la fin du siècle dernier, Riis, émigré lui-même, avait publié un livre, *How the other half lives*, qui peignait sans fard les taudis de New York, la vie des déshérités et la présence du crime. Comme on le voit (page de gauche) les scènes de rue des *Mousquetaires de Pig Alley* ne sont pas moins réalistes. Tournées dans la 12$^{e}$ rue Ouest, non loin du studio Biograph (14$^{e}$ rue Est ), elles évoquent la promiscuité et le pittoresque des lieux. La rue de la Biograph était sous l'emprise d'un truand, Al Rooney, et peu de mois avant le tournage du film, deux gangsters furent tués à proximité. Le gangster Lucky Luciano fut élevé dans cette même rue et il avait quinze ans quand le film de Griffith fut réalisé. Le bulletin de la Biograph destiné à lancer *Les Mousquetaires de Pig Alley* annonçait : «Cette production, dont le scénario n'est pas le point fort, veut simplement montrer avec véracité les actions des gangsters et la nécessité d'une action radicale des autorités.»

bâtiment et occupe le toit après avoir grimpé par les escaliers d'incendie. Inspiré par un rapport sur la prostitution, aboutissement de quatre ans d'enquête sous la direction de John D. Rockfeller, ce film réaliste fut tourné en décors réels dans les quartiers chics du West Side de New York.

*The Italian* (1915), produit par Thomas Ince et mis en scène par Reginald Barker, est comme une première version miniature du *Parrain II* de Coppola, qui d'ailleurs s'en inspire. Un ouvrier agricole chassé par la misère quitte l'Italie, échoue dans un taudis de New York (le film fut tourné en fait à San Francisco), où il travaille comme cireur de chaussures. Il est ensuite engagé par un politicien local qui se sert de lui pour gagner des votes.

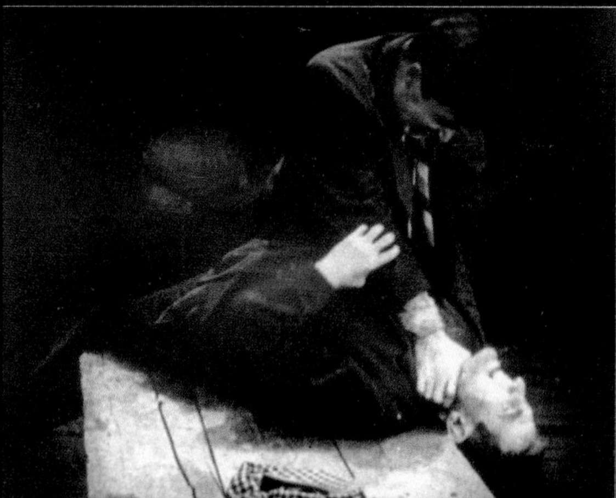

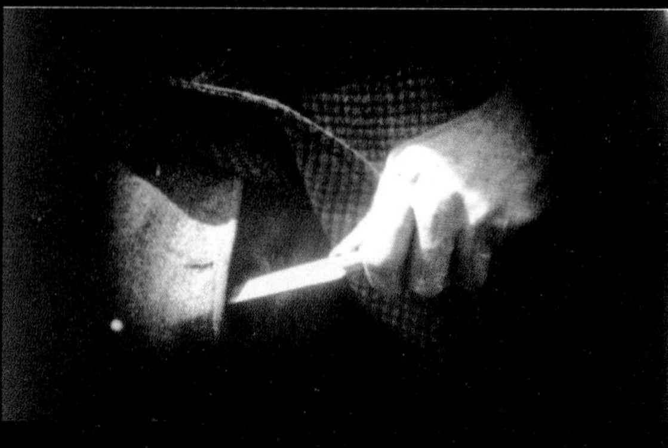

Longtemps perdu, puis redécouvert à la fin des années soixante-dix, *Regeneration* de Raoul Walsh, réalisé en 1915, apparaît aujourd'hui comme le film de gangsters le plus réaliste de tout le cinéma muet. Walsh lui-même écrivit l'adaptation de l'autobiographie d'Owen Kildare, chef de gang du Bowery qui, illettré à trente ans, gagna sa vie plus tard comme écrivain après avoir été éduqué et détourné de la voie criminelle par une institutrice. Tourné dans le port de New York et dans le Lower East Side, interprété par Rockliffe Fellowes (en haut) qui fait penser à Marlon Brando et par de vrais truands, photographié avec un sens aigu de l'atmosphère par le français Georges Benoît, *Regeneration* insiste sur le rôle de l'environnement dans la délinquance. Ses travellings, son sens du rythme et son énergie sont déjà la marque du style de Walsh, un des grands réalisateurs de films criminels.

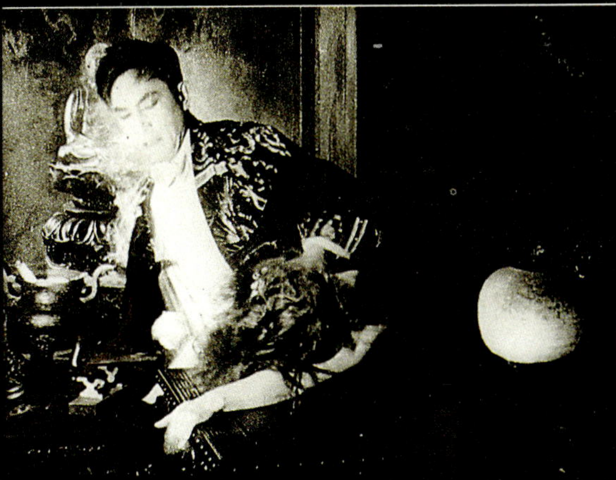

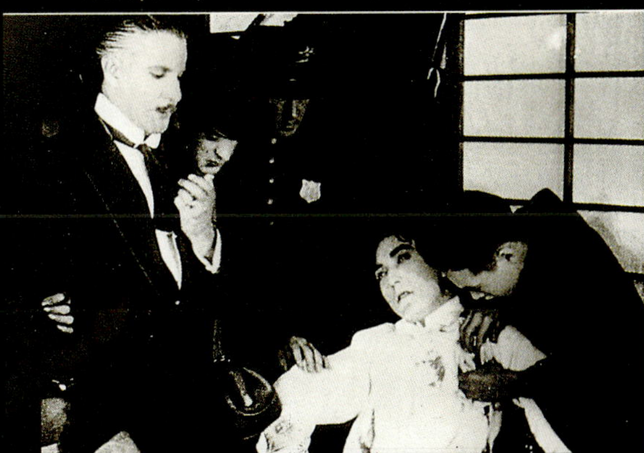

*Forfaiture* de Cecil B. DeMille, distribué la même année (1915) que *La naissance d'une nation*, eut autant de retentissement, en Europe au moins, que le film de Griffith. Louis Delluc, père de la critique cinématographique française, y voyait dès 1920 «un chef-d'œuvre» et une magistrale leçon technique, ajoutant : «*Forfaiture* aux belles lumières cingla cuisamment notre cinéma neurasthénique.» Une femme de la haute société (Fanny Ward) dépense au jeu l'argent que lui avait confié une organisation charitable. Plutôt que de confesser sa faute à son mari (Jack Dean), elle demande à un riche Japonais (Sessue Hayakawa) de lui prêter, en échange de ses faveurs, la somme dont elle a besoin. Comme elle refuse plus tard de tenir sa promesse, il la marque au fer rouge, signe qu'elle lui appartient. Pour se libérer de son emprise, elle fait feu sur lui. *Forfaiture* influença pour longtemps les histoires de crime passionnel. DeMille y jouait en virtuose avec les éclairages et les décors, annonçant les recherches du cinéma allemand.

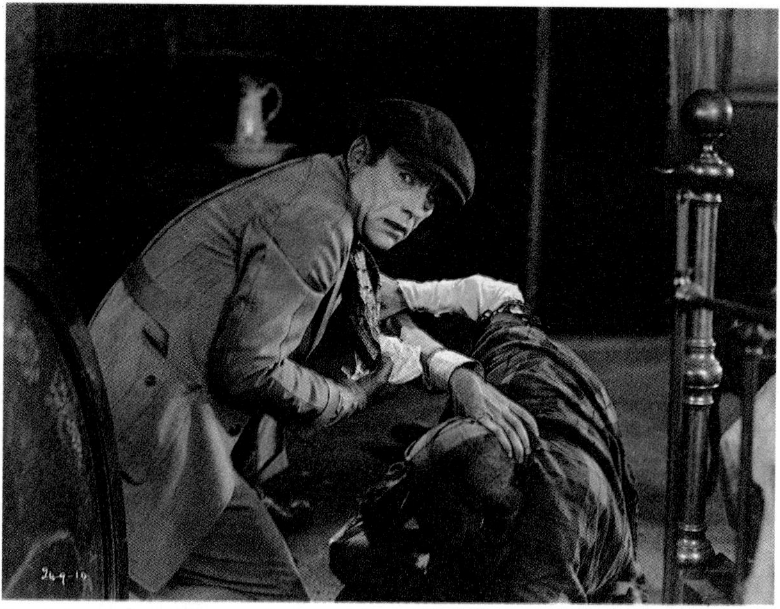

Le vérisme de ce film est frappant, aussi bien dans les séquences lyriques de la campagne italienne que dans le sombre récit des malheurs du héros.

Un an avant, Thomas Ince avait produit *The Gangsters and the Girl* et introduit un thème qui deviendra populaire : un détective s'infiltre dans un gang pour livrer ses membres à la police et conquiert le cœur de la petite amie de l'un des malfrats.

## Les années vingt ou la naissance d'un pays moderne

Les années vingt aux Etats-Unis voient l'instauration de la prohibition, une urbanisation intense et l'ascension fulgurante des gangsters les plus célèbres, comme Al Capone; enfin, le pays s'enivre de vitesse, de jazz et de spectacles. Pourtant, ces années ne sont guère marquées par le film criminel, comme si l'embourgeoisement du public faisait perdre au genre ses qualités de réalisme acquises peu de temps auparavant.

Le personnage le plus étrange du début de la décennie est celui qu'interprète Lon Chaney dans

La mince frontière entre le film d'horreur et le film criminel n'a jamais été aussi évidente que dans la carrière de Lon Chaney, l'un des plus grands comédiens de l'époque du muet, qui, par une ironie tragique, mourut, âgé de quarante-quatre ans, d'un cancer de la gorge au début du cinéma parlant, en 1930. «L'homme aux mille visages» était le fils de parents sourds-muets, pour qui, selon la légende, il mimait, enfant, ses expériences afin de les distraire.

*The Penalty* de Wallace Worsley (1920). C'est le premier des grands criminels pervers et psychopathes, l'incarnation du mal absolu. Amputé par erreur des deux jambes à l'âge de dix ans, «The Buzzard», devenu adulte, décide de se venger. Il devient maître de la pègre de San Francisco et attise la haine de milliers de travailleurs, présentés comme de dangereux communistes. Le film reflète la peur des Rouges qui saisit l'Amérique à la suite de la révolution bolchevique et d'une grave crise de violence et d'attentats à la bombe. Lon Chaney reprend le rôle de chef de gang mû par des pulsions inquiétantes dans *Outside the Law* (1921), *Le Club des trois* (1925) et *L'Oiseau noir* (1926), tous trois de Tod Browning, œuvres où la frontière est indécise entre l'horreur, le mélodrame et le film criminel.

Dans *L'Oiseau noir* (page de gauche), Lon Chaney interprète un voleur d'un quartier pauvre de Londres qui, sous une autre identité, s'occupe d'œuvres charitables. Son personnage prolonge son rôle célèbre de *The Penalty* (ci-dessous). A la fin de la décennie, avec *Dans la ville endormie* (1928) de Jack Conway (à gauche), il est devenu détective.

## Le gentleman gangster

Cependant, dans les années vingt, le gangster est plus généralement présenté sous un jour bienveillant. Il plaît aux femmes et se conduit en chevalier servant. Il vole des bijoux et perce des coffres-forts, sans que cela nuise, bien au contraire, à sa popularité. Cette vision romantique trouve son apogée dans *Les Nuits de Chicago* (1927) de Joseph von Sternberg, qui se présentent en outre comme le premier grand film moderne de gangsters. Bull Weed (George Bancroft) est un héros sympathique, d'une brutalité

bon enfant, que même la police apprécie. Après le meurtre d'un rival, il est envoyé en prison. Pendant ce temps, sa compagne, Feathers (Evelyn Brent), tombe amoureuse de son ami Rolls Royce (Clive Brook), avocat que Weed a sauvé de l'alcoolisme. Sûr de leur loyauté à son égard, Bull Weed leur pardonne après son évasion et se rend finalement aux forces de l'ordre.

### Von Sternberg définit l'esthétique du genre

Ecrites par Ben Hecht, journaliste de Chicago qui parlait d'expérience

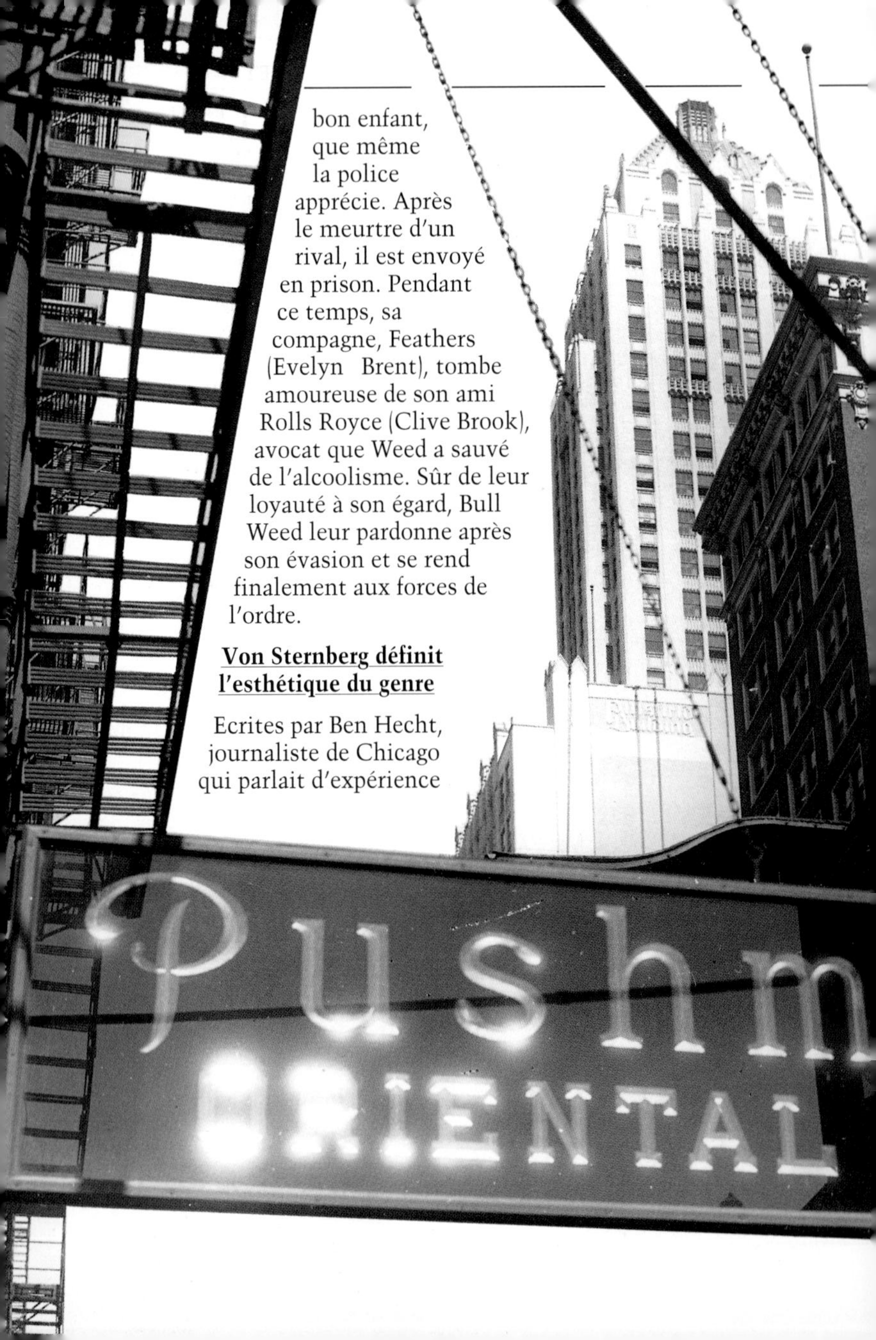

*Les Nuits de Chicago* de Joseph von Sternberg s'inspiraient d'un récit de dix-huit pages de Ben Hecht, qui lui valut le premier oscar hollywoodien, en 1927, pour la meilleure histoire originale. C'est le même Ben Hecht qui plus tard écrivit *Scarface*. Le scénario des *Nuits de Chicago* était l'œuvre de Robert L. Nee à qui l'on doit également celui du *Petit César*. A la source du film de gangsters du début des années trente, le chef d'œuvre de von Sternberg faillit ne jamais sortir. Selon Jesse Lasky, cofondateur de la Paramount, «le film était si sordide et sauvage dans son contenu, si différent des œuvres habituelles, que la direction commerciale ne voyait pas comment attirer les spectateurs et ne voulait pas le distribuer». C'est B. P. Schulberg, directeur de la production, qui prit le risque et *Les Nuits de Chicago* furent un triomphe immédiat, faisant de George Bancroft (ci-dessus) une star.

et s'avouait fasciné par les personnages hors du commun, *Les Nuits de Chicago* sont un film magistralement mis en scène par Joseph von Sternberg dont la science des éclairages et le raffinement esthétique fixent pour longtemps les images du film criminel : les cotillons de la salle de bal, le tribunal où Bull Weed est condamné, la prison, le bar où se rencontrent les truands. Mais le Chicago de Sternberg, comme plus tard son Shanghai (*Shanghai Express*), son Maroc (*Cœurs brûlés*) ou son Espagne (*La Femme et le Pantin*), est un lieu imaginaire entièrement reconstitué dans les studios de la Paramount, le parangon de la ville américaine brillant de mille feux. Il ne manque plus que le son.

*Les Nuits de Chicago*, un des derniers chefs-d'œuvre du cinéma muet, ouvrent la voie au cycle des films de gangsters qui accompagnent la naissance du parlant.

L'épanouissement du film de gangsters est lié à la naissance du cinéma parlant. Tout se passe comme s'il avait fallu attendre l'apparition du son en 1927, et le réalisme accru qu'il apportait, pour rendre justice aux bruits de la ville moderne auxquels s'identifie le gangster dans la conscience populaire.

CHAPITRE II

# LA DÉCENNIE DES GANGSTERS : LES ANNÉES TRENTE

Howard Hugues (ci-contre), énigmatique milliardaire, lui-même metteur en scène, produisit *Scarface*, le plus célèbre des premiers films de gangsters (à gauche). Censuré près d'un an à cause de sa violence inhabituelle, il ne put sortir qu'avec le sous-titre «honte de la nation» et une scène d'explication morale que ne tourna pas lui-même le réalisateur Howard Hawks.

Au tournant des années trente, la criminalité se partageait la une des journaux avec les problèmes économiques et sociaux.

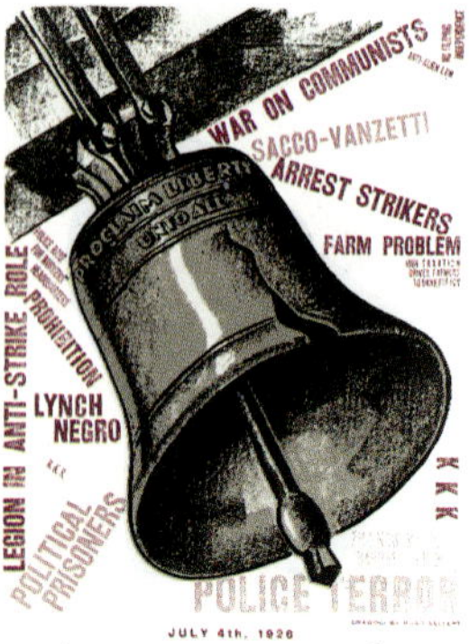


Le crépitement des mitraillettes, le crissement des pneus sur l'asphalte, les sirènes de la police, l'explosion des grenades, la sonnerie menaçante du téléphone, la musique de jazz dans les boîtes de nuit, le caractère haché du dialogue donnent au film de gangsters son ambiance et son rythme particuliers.

## La prohibition et la naissance du gangster moderne

Le cinéma parlant n'est pas synchrone avec l'avènement du gangster moderne, contemporain de l'établissement de la prohibition en janvier 1920. A partir de cette date, un dix-huitième amendement à la constitution des Etats-Unis interdit la fabrication, la vente et le transport de l'alcool, c'est-à-dire toute boisson en contenant plus de 0,5 %. Le Volstead Act, du nom d'un représentant du Minnesota, établit les peines encourues par les contrevenants. Les lieux de débit peuvent être fermés pendant un an, les voitures transportant de l'alcool saisies et vendues aux enchères. Ces mesures de répression sont imposées par l'Amérique rurale (le cidre et les vins légers sont en revanche autorisés), comme un dernier sursaut face à l'industrialisation du pays.

Les partisans de la prohibition sont souvent xénophobes, membres du Ku Klux Klan et farouchement hostiles à la libéralisation des mœurs qui se manifeste alors. L'Amérique des Anglo-Saxons protestants, s'oppose ainsi aux vagues successives d'émigrés qui peuplent les quartiers les plus défavorisés des grandes villes.

Ce n'est qu'à la fin des années vingt que le gangster apparaît vraiment à l'écran dans son contexte sociologique, personnage inspiré par les enquêtes des journaux. Le célèbre Al Capone, figure emblématique, allait ainsi nourrir nombre de personnages de fiction, sa destinée en faisant l'exemple type du criminel moderne. Né à Castel Amaro près de Rome en 1895, de son vrai nom Alphonso Caponi, il arrive enfant à New York avec sa famille et grandit dans le ghetto, commettant déjà de nombreuses actions illégales. Après s'être installé à Chicago, il travaille pour Johnny Torrio, chef de la pègre locale, qu'il évince pour dominer le trafic de la ville de 1927 à 1930, imposant sa loi au gang rival des Irlandais, maîtres du nord de la métropole. Les efforts des autorités publiques restent longtemps vains pour mettre un terme aux activités de celui que le maire désigne comme l'ennemi public numéro un.

Al Capone (à gauche) inspira le personnage de Scarface. Ses émissaires rendirent visite à Howard Hawks pour s'assurer que le film ne ternirait pas sa réputation. Selon George Raft, il fut satisfait du résultat. Al Capone, comme les gangsters Dutch Schultz et Lucky Luciano, était un immigré. L'Amérique rurale, celle du Ku Klux Klan, des intégristes religieux et des partisans de la prohibition, voulait arrêter l'immigration, censée transformer les villes en lieux de décadence avec leurs *speakeasies* (ci-dessus), ces bars clandestins où l'on pouvait boire de l'alcool impunément.

## La Warner s'affirme à travers la production de films de gangsters

Petite compagnie de production qui cherche à se faire une place aux côtés des grands studios (Paramount, Metro Goldwin Mayer), la Warner impose alors le cinéma sonore, puis parlant, et se trouve à l'origine

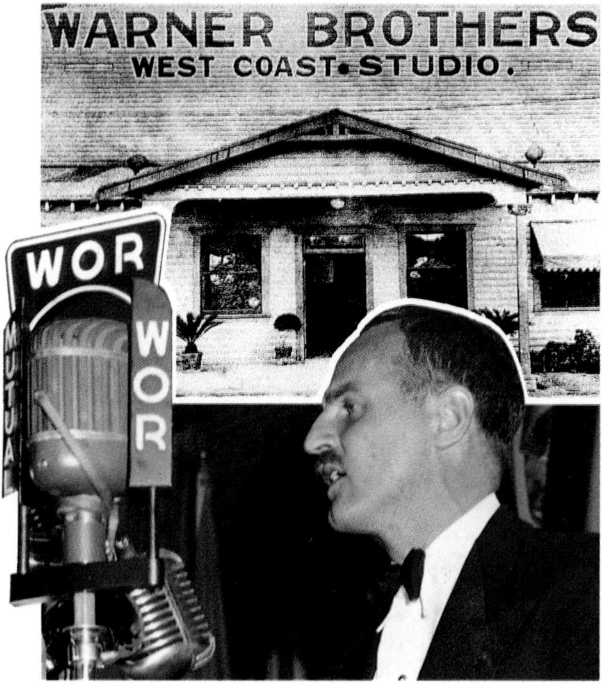

Ecrivain précoce, Darryl F. Zanuck (à gauche) inventa pour la Warner les aventures du chien Rintintin, première star de la compagnie. Il écrira sous divers pseudonymes plus de quarante scénarios, avant de devenir producteur en 1929, puis responsable de tous les films Warner en 1931. Le trouvant d'apparence trop jeune pour l'emploi, Jack Warner lui demanda de porter une moustache. C'est à lui et à Hall Wallis que l'on doit le début du cycle des gangsters en 1931 avec *Le Petit César*. Mais il fut surtout important dans la création de *L'Ennemi public*. En conflit avec les frères Warner, il les quitta pour la Twentieth Century en 1933.

d'un cycle de films dont le gangster est le héros.

Pour des producteurs aux moyens modestes ces films sont en effet peu coûteux : des vêtements de tous les jours, une chambre d'hôtel, un coin de rue, une salle de billard, quelques voitures suffisent à créer un décor et une ambiance. Par ailleurs, la Warner s'adresse à un public populaire dont elle connaît les goûts et l'intérêt pour des personnages issus des mêmes classes sociales défavorisées. Enfin, le chef de production, Darryl F. Zanuck, qui entre en fonction en 1929 à l'âge de vingt-sept ans sous les ordres des frères Warner, est un homme inventif, ancien scénariste sensible à l'air du temps, épris d'histoires violentes, rapides et dépouillées.

C'est ainsi qu'en 1931, il confie à Mervyn Le Roy la réalisation du *Petit César*, qui allait établir les lois du genre en retraçant l'ascension et la chute rapide d'un truand sur fond de fusillades, de courses de voitures

et de règlements de comptes. Dès le générique, l'avertissement, caution morale indispensable pour pouvoir ensuite laisser se déchaîner la violence la plus extrême, indique : «Ceux qui vivent par l'épée périront par l'épée.» La première séquence donne le ton. Une station service, la nuit. Une voiture s'arrête. Un homme en descend et pénètre dans le bâtiment. Les lumières s'éteignent avant les coups de feu rituels et le départ rapide de la traction. Le succès commercial du *Petit César* entraîne la réalisation, pour la seule année 1931, d'une cinquantaine de films de gangsters.

Les deux autres films les plus célèbres de ce cycle, *L'Ennemi public* de William Wellman (lui aussi entrepris par la Warner) et *Scarface* de Howard Hawks, produit par l'indépendant Howard Hughes, obéissent aux mêmes règles. Le personnage principal vient d'un milieu catholique : Rico dans *Le Petit César* et Tony Camonte dans *Scarface* sont d'origine italienne, Tom Powers dans *L'Ennemi public* est irlandais. Il est interprété par des comédiens de souche juive (Edward G. Robinson est né en Roumanie, Paul Muni en Autriche) ou irlandaise (James Cagney). La sexualité de ces gangsters se révèle

Dans son autobiographie, Jack Warner raconte qu'il acheta les droits du premier roman de W. R. Burnett, *Le Petit César,* parce que le personnage était «un portrait à peine déguisé d'Al Capone». Le réalisateur Mervyn Le Roy déclare qu'il voulait que «le réalisme du film reflète la noirceur et le désespoir dans lesquels se trouvait le monde en 1930». *Le Petit César,* avec Edward G. Robinson (brandissant son arme sur la photo ci-dessus), introduit et définit le récit typique de l'ascension et de la chute d'un caïd.

trouble. Rico ignore les femmes et préfère la compagnie d'un ami danseur; Tom Powers brutalise les femmes; Tony Camonte a un rapport quasi incestueux avec sa sœur. Tous trois pratiquent le vol ou le trafic d'alcool. Ils meurent au dernier plan d'une façon ignominieuse, abattus dans la rue ou plus spectaculairement encore : Tom Powers finit enveloppé dans des bandelettes comme une momie et jeté à la porte de la maison familiale. Cette fin est d'une ironie d'autant plus tragique que le foyer est le seul lieu respecté par le gangster dont le rapport à la mère, fidèle en cela à la tradition catholique, est sacré. De ce point de vue, le conservatisme moral et politique des héros est conforme à leurs modèles historiques. Al Capone ne déclarait-il pas que «la place d'une femme est dans son foyer auprès du

Les grands comédiens qui incarnent les trois plus célèbres gangsters du cinéma au début des années trente venaient tous de la scène. C'est l'arrivée du son qui explique l'embauche par Hollywood d'acteurs dramatiques. Leurs rôles firent d'eux immédiatement des stars de l'écran. Paul Muni (à gauche) avait fait ses débuts dans le théâtre yiddish et ne joua pour la première fois en anglais qu'à l'âge de trente et un ans.

berceau de ses enfants» et «le bolchevisme frappe à notre porte. Il faut nous serrer les coudes et nous y opposer de toutes nos forces» ?

## La crise de 29 et la version noire du «self-made man»

Historiquement donc, le gangster précède le krach de Wall Street (jeudi 24 octobre 1929), mais cinématographiquement, il lui succède. Les secousses de la société se reflètent alors dans la destinée mouvementée de ces hors-la-loi.

La réussite spectaculaire de l'économie américaine dans les années vingt est interrompue par la chute brutale du marché financier, tout comme l'ascension irrésistible d'un Scarface – son succès matériel – s'achève sur une fin abrupte. L'assurance de ce héros, sa détermination face aux circonstances adverses et son énergie sont des vertus proprement américaines.

James Cagney débuta comme danseur dans des spectacles de variétés avant d'imposer son sens des gestes et du rythme dans *L'Ennemi public*. (au centre, à droite).

De son vrai nom Goldenberg, Edward G. Robinson, petit et râblé, joua près de trente ans dans le théâtre new-yorkais puis incarna le Petit César, un cigare aux lèvres qui ne devait plus le quitter. Dans ses souvenirs, *All my Yesterdays*, il dit avoir conçu son rôle comme un héros de tragédie grecque qui meurt par excès d'ambition.

Ce plan de *L'Ennemi public* est l'un des plus célèbres du cinéma américain. Au petit-déjeuner, Tom Powers (James Cagney) écrase une moitié de pamplemousse sur le visage de sa petite amie Kitty (Mae Clarke) dont il va se séparer. La violence faite ainsi à une femme choqua les censeurs et l'opinion. D'autant plus sans doute que le jeu dynamique de Cagney donnait à son personnage un charme et une séduction qui contrastaient avec la brutalité agressive de son comportement. On avait promis à Mae Clarke souffrant d'un méchant rhume que le coup serait feint. Mais au moment de tourner la scène, le réalisateur William Wellman demanda à Cagney de la jouer «pour de vrai». Dans de nombreux Etats américains, *L'Ennemi public* subit les foudres de la censure ; il suscita un tollé jusqu'en Australie, où sa projection ne fut autorisée qu'en 1951. Wellman, ancien pilote de l'escadrille La Fayette, passionné de moto, joueur de football, chasseur de gibier, était un de ces artistes à la Hemingway qui marquèrent les débuts de Hollywood.

Elles font du film de gangsters comme la version noire du mythe du «self-made man», incarné dans la conscience du pays par un Horatio Alger. Nul doute que le public de cette période troublée ait été attiré par ces hommes décidés et sûrs d'atteindre leur but. Leur franchise cynique s'oppose aux atermoiements et à l'hypocrisie des pouvoirs publics dépassés par les événements ainsi qu'à la malhonnêteté des banquiers que ces nouveaux Robin des Bois dévalisent. Mais l'identification s'arrête là. La punition finale rend ses droits à la morale, et la

L'un des aspects les plus troublants de *Scarface* est l'attirance qu'éprouve le gangster Tony Camonte (Paul Muni) pour sa sœur Cesca (Ann Dvorak). Cette passion réprimée, en grande partie inconsciente, sera l'une des causes de sa chute.

Ann Dvorak, jouant sur son sens de la répartie, la souplesse de son corps et son mélange de tendresse et de fermeté, annonce les futures héroïnes de Hawks, un des meilleurs peintres de la guerre des sexes qui sut toujours donner aux femmes de vraies personnalités. Ces femmes peuvent à l'occasion recourir aux armes. Ainsi, dans *Scarface*, Cesca aidera son frère à lutter contre l'assaut de la police.

paix de sa conscience au spectateur.

La fascination qu'exerce le gangster vient probablement de ce mélange insolite entre une efficacité toute anglo-saxonne, une manière rationnelle d'aborder l'action, et le caractère archaïque de comportements dont l'origine remonte à une culture ancienne, méditerranéenne, foncièrement tragique, incarnée par la mafia, ou plus lointainement encore, à un monde plein de bruit et de fureur, qui a pu faire dire à Howard Hawks que son *Scarface*, c'était «les Borgia à Chicago».

Dans *Scarface*, Tony Camonte tue son meilleur ami Guido Rinaldo (George Raft, ci-dessous avec Paul Muni), qu'il soupçonne d'être l'amant de sa sœur. Selon une rumeur persistante, Raft entretenait des rapports personnels étroits avec la mafia.

## Le gangster, seul et fier

Le gangster se caractérise par son orgueil et sa solitude. Sa mégalomanie trouve son expression visuelle dans l'enseigne lumineuse située au sommet du bâtiment où va mourir Scarface qui annonce : «Le monde vous appartient.» Sa solitude est le prix à payer pour son individualisme triomphant. Le gangster ne fait confiance à personne, il crée le vide

Le style de *Scarface*, ses jeux d'ombre et de lumière, trahissent l'influence de l'expressionisme. Hawks avait en effet travaillé à la Fox où l'Allemand Murnau tourna en 1927 son chef-d'œuvre, *L'Aurore*.

autour de lui et, en bon chevalier d'entreprise, élimine ses concurrents. Mais un moment d'inattention suffit et c'est la chute. L'ouverture de *Scarface* est à cet égard exemplaire. La mort d'un caïd, Big Louie, annonce celle de son tueur, Scarface, puisque toute destinée de gangster n'est que la répétition de celles qui l'ont précédée. Big Louie apparaît dans un restaurant parmi les cotillons d'une fête d'anniversaire qui s'achève, évoquant ses réussites, sa voiture, sa femme. Tout ce qui l'entoure manifeste les signes extérieurs de sa richesse. Le sifflotement de Scarface venu l'abattre («Qu'est-ce qui me retient», un air de *Lucia di Lammermoor* de Donizetti) préfigure en fait la propre agonie du héros. Car c'est précisément parce que rien ne le retient que le gangster périt.

## La censure saisit un genre trop violent

L'année 1931 marque donc l'apogée du film de gangsters. Toutes les compagnies se mettent alors à suivre l'exemple de la Warner. Rowland Brown réalise *Quick Millions* pour la Fox avec Spencer Tracy,

Dans *Les Carrefours de la ville* (en haut) Mamoulian, cinéaste esthète, met en avant l'histoire d'amour.

tandis que Rouben Mamoulian se voit confier par la Paramount le tournage des *Carrefours de la ville* avec Gary Cooper. Mais cette euphorie est de courte durée. La brutalité de ces films préoccupe le pays. Des campagnes se développent dans la presse, qui aboutissent en 1933 aux premières études sociologiques sur la violence à l'écran.

En 1931, le patron du F.B.I., J. Edgar Hoover, condamne «les films qui glorifient les délinquants plutôt que les policiers» tandis que Will Hays, président de l'Association américaine des producteurs et des distributeurs de films (M.P.P.D.A.), déclare qu'il est «indésirable de donner trop d'importance aux gangsters dans la vie américaine». Responsable du code de censure, il a veillé l'année précédente, après la première vague de films criminels, à ce que les règles formulent avec précision l'interdiction de montrer la vengeance par le meurtre, l'incendie volontaire, l'usage de la dynamite et les scènes sexuelles. Ce code n'entre en vigueur de façon rigoureuse qu'en 1934. Entre-temps, la prohibition a été abolie par le Congrès, le 5 décembre 1933, et les films de gangsters ont pratiquement disparu des écrans.

Dès mai 1931, Jack Warner, porte-parole d'une profession toujours soucieuse d'être bien vue par les autorités politiques et religieuses, annonce que son studio arrête la production de tels films. Une série d'événements survient à cette époque – le massacre de la Saint-Valentin en 1929, l'arrestation d'Al Capone en 1931, un hold-up spectaculaire d'un million de dollars à Chicago et surtout le rapt du bébé

Plus que tout autre événement, le massacre de la Saint-Valentin (ci-dessous) frappa l'imagination de l'opinion publique, symbolisant la violence et la duplicité qui régnaient dans la guerre des gangs. En 1929, à Chicago, six membres de l'organisation de Bugs Moran furent assassinés par des tueurs engagés par le bras droit d'Al Capone, Machine Gun Jack McGurn. Déguisés en policiers, ils entrèrent dans un garage, lieu de rendez-vous de la bande à Moran, alignèrent leurs victimes contre un mur et les mitraillèrent. L'événement, qui provoqua une violente campagne de presse, inspira de nombreux films et servit de point de départ au chef-d'œuvre burlesque de Billy Wilder, *Certains l'aiment chaud* (1959).

Lindbergh en 1932 – qui finissent par provoquer une répulsion envers les truands, tandis que l'élection à la présidence de Franklin D. Roosevelt à la fin de 1932 laisse espérer une issue à la dépression. Un sondage réalisé à Chicago en 1931 révèle que les gangsters sont, avec les stars de Hollywood, les personnalités les plus célèbres du continent. Quatre ans plus tard, au cœur du New Deal, les vedettes qui ont prêté leurs traits aux truands incarnent désormais des agents du gouvernement, les «G Men» qui traquent les gangsters devenus les boucs émissaires d'une société en crise.

Lorsque les banques renforcèrent leur contrôle sur l'industrie cinématographique en 1933, huit compagnies dominaient pratiquement Hollywood. Hugh Johnson, président du National Recovery Act, proposa à Roosevelt, nouvel élu, un code de la concurrence qui se voulait apparemment conforme à sa politique du New Deal. En fait, au cœur de la dépression, le N.R.A. autorisait ouvertement ce qui était pourtant interdit par la loi anti-trust. Ce fut un racket illégal et pourtant autorisé, le rêve de tout gangster.

## Le New Deal et les films sociaux

Ces films, produits eux aussi le plus souvent par la Warner, s'ils glorifient les unités spéciales de la police, ne se distinguent des films de gangsters ni par leur atmosphère, ni par les lieux de l'action, ni par les armes utilisées. Seul le personnage central est au service de l'Etat. Dans *Les Hors-la-loi* (1935) de William Keighley, James Cagney, élevé dans les taudis, échappe à une vie criminelle grâce à un vieux caïd bienveillant qui l'envoie faire des études de droit. Avocat pauvre mais honnête, Cagney s'engage dans le F.B.I. pour venger son meilleur ami, abattu par un gangster. Robin des Bois est désormais en uniforme. Dans *Guerre au crime* (1936) du même William Keighley, Edward G. Robinson voit lui aussi la violence qu'il continue d'exercer légitimée par son insigne de police. Le climat de l'époque exigeait l'optimisme, l'entraide nationale et la foi dans les

Les films de la Warner (parfois distribués sous le label First National) étaient, bien plus que ceux des autres compagnies, liés à l'actualité et s'inspiraient souvent des manchettes de journaux. La Warner, très proche de Roosevelt, se fit l'écho de ses préoccupations sociales dans les années trente et soutint sa politique étrangère au début des années quarante. *Les Hors-la-loi (G Men)* est le premier film d'un nouveau cycle à la gloire des policiers. Après la peinture, jugée trop souvent complaisante, des rois de la pègre, l'industrie du cinéma offre, comme pour se faire pardonner, sa contribution aux nombreux efforts du gouvernement fédéral afin de faire respecter la loi. Mais tout passe toujours par les armes. James Cagney, gangster devenu G Man, peut tuer tout autant mais légalement, et n'est pas obligé de mourir à la fin du film. Le spectateur reçoit, sans se sentir coupable, sa dose de violence.

institutions. Certains films plus inquiétants, comme *Le Triomphe de la jeunesse* (1933) de Cecil B. DeMille, où de blonds et purs étudiants américains se font justice eux-mêmes en attaquant des gangsters qui échappent aux forces de l'ordre, proposent une morale proche de celle de la frontière et révèlent certaines tentations fascisantes de l'Amérique de l'époque.

A l'opposé, un certain nombre de films, fidèles à l'esprit réformiste du New Deal et de l'administration Roosevelt, s'attachent au sort de l'homme ordinaire, ce même américain moyen que Frank Capra exalte dans ses comédies interprétées par Gary Cooper ou James Stewart. Souffrant de l'indifférence de la société, chômeur, balloté en tous sens par les événements, cet antihéros est le plus souvent victime d'une confusion d'identité.

Ainsi, dans *Je suis un évadé* (1932) de Mervyn Le Roy, Paul Muni est accusé d'un crime dont il est innocent et envoyé au bagne. Il s'échappe sous un nom d'emprunt, tente de travailler honnêtement mais, poursuivi par son passé, retombe dans la pègre. Au dernier plan, on le voit s'enfoncer dans la nuit après avoir répondu à un ancien ami qui lui demandait ce qu'il faisait : «Je vole.» A peine sorti du tournage de *Scarface*, Paul Muni est devenu

Isaac Soyer et ses deux frères jumeaux Raphael et Moses, illustrent un courant de peinture réaliste qui se développe dans les années trente, souvent avec l'aide de l'administration fédérale, et se préoccupe de problèmes sociaux. Le tableau *Agence pour l'emploi* fait écho aux films sociaux contemporains, comme *Je suis un évadé* (ci-dessus), avec Paul Muni.

l'incarnation du pauvre hère broyé par la société de masse.

De même, dans *Furie* (1936) de Fritz Lang, Spencer Tracy est arrêté pour un meurtre qu'il n'a pas commis. La foule prend d'assaut la prison pour le lyncher. Il réussit à s'échapper sans être vu et assiste sans intervenir au procès de ceux qui sont accusés de l'avoir tué. Lang, qui a fui l'Allemagne nazie, sait comment une communauté livrée à elle-même peut s'adonner aux pires exactions mais, refusant tout manichéisme, il sait aussi comment l'individu innocent peut devenir coupable par désir de vengeance. Dans *J'ai le droit de vivre* (1937), le même Fritz Lang trace la destinée tragique d'un homme (Henry Fonda), victime d'une erreur judiciaire, qui sera finalement abattu par les forces de l'ordre après son évasion de la prison.

La voiture est intimement associée au film criminel. Pour le gangster elle est à la fois un signe de réussite sociale, un moyen d'action rapide et même une arme. Plus tard, à la fin des années trente, elle devient le lieu de refuge des innocents injustement pourchassés, comme Henry Fonda dans *J'ai le droit de vivre* (ci-dessus), ou accusés de crimes qu'ils n'ont pas commis, comme le héros de *Je suis un évadé.*

Avant le New Deal, Hollywood n'avait pas hésité à produire des films qui préconisaient des solutions totalitaires pour venir à bout de la dépression et des appels à l'action directe sans passer par la loi. Au milieu des années trente, ces positions ne sont plus de mise. *Furie* (1936) puis *La ville gronde* (1937) condamnent le lynchage et la violence des masses. Dans *Furie*, Spencer Tracy, accusé à tort, assiste derrière les barreaux de sa cellule aux efforts de la foule pour venir le tuer. Il réussit à s'échapper alors qu'on le croit mort et de sa cachette, rempli de haine, tente de faire condamner les lyncheurs devant le tribunal. Cependant, saisi de remords, il viendra témoigner.

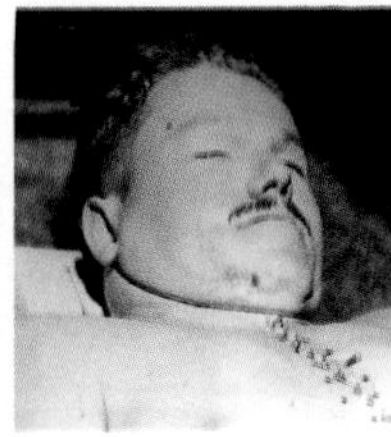

Ce n'est pas pour ses meutres mais pour fraude fiscale qu'Al Capone fut inculpé en octobre 1931 et condamné à onze ans de prison. On le voit ci-dessous se cacher des photographes. Peu après, en 1934, Baby Face Nelson est tué par le F.B.I. (en haut). Le film de gangsters change alors de visage et s'attache à l'aspect social.

## Quand la société est mise en question

Les responsabilités de la société sont également analysées dans un cycle de films de la Warner dont le but est de mettre en valeur les origines de la délinquance. Hormis les premières séquences de *L'Ennemi public*, la question sociale était un sujet tabou dans les films de gangsters du début des années trente, où le héros échappait au déterminisme de l'environnement. Les théories sociales du New Deal légitiment une enquête sur les conditions de vie dans les ghettos qui expliquent, sinon excusent, la criminalité. Tel devient le sujet

des nouveaux films, de *Rue sans issue* (1937) de William Wyler aux *Anges aux figures sales* (1938) de Michael Curtiz, dans lequel le prêtre demande au gangster (James Cagney) de se racheter en offrant en exemple aux jeunes gens des taudis sa mort sur la chaise électrique.

**Le crépuscule du gangster**

Le gangster, hier figure fascinante, a perdu de son aura. La fin de la décennie le met en scène comme un individu à la dérive, privé de pouvoir et de séduction. Après la mort brutale de Baby Face Nelson, de Dillinger, de Legs Diamond, l'arrestation d'Al Capone et la fin de la prohibition, l'ère de l'individualisme triomphant est close pour un temps. En 1934, une convention se tient à Atlantic City où se forme un cartel du crime qui regroupe les gangsters des différentes villes américaines et organise le contrôle du jeu, de la prostitution, du racket financier et de la drogue, sur des bases proches de celles d'une société

Dans *Les Anges aux figures sales* (1938), James Cagney (en haut à gauche avec Humphrey Bogart) joue un gangster-Robin-des-Bois idolâtré par les jeunes délinquants des faubourgs. L'année précédente, *Rue sans issue* s'était aussi attaché à montrer comment les taudis des ghettos favorisaient la criminalité et avait proposé un autre portrait de truand, interprété par Humphrey Bogart (ci-dessus avec Joel McCrea). Mais c'était celui d'un homme sur le déclin, déboussolé et dépourvu d'ambition.

Ce sont deux films de la Warner qui récapitulent cette décennie de gangsters. Dans *La Grande Evasion,* Humphrey Bogart (ci-contre avec Ida Lupino) préserve sa dignité malgré son sort tragique. A la fin des *Fantastiques Années vingt,* James Cagney, couché sur les marches d'une église, meurt dans les bras de Gladys George (ci-dessous).

anonyme, d'où l'expression «Murder incorporated» qui fut attachée aux divers syndicats du crime. C'est dans ce contexte qu'il faut comprendre l'image du gangster solitaire telle qu'elle apparaît à la fin des années trente.

Le gangster devient le sujet de comédies, preuve de la démythification du personnage. Il peut aussi être présenté comme une relique du passé, un être anachronique. Dans *Les Fantastiques Années vingt* (1939), Raoul Walsh retrace de manière quasi élégiaque vingt ans de la vie d'un truand (James Cagney), des tranchées de la Première Guerre mondiale à la prohibition, de son déclin comme chauffeur de taxi à sa rédemption, et enfin sa mort dans la neige. Mais c'est avec *La Grande Evasion* (1941), également de Raoul Walsh, que la boucle est bouclée. Dix ans après *Le Petit César*, adapté d'un roman de W. R. Burnett, c'est encore un livre de cet écrivain qui inspire à John Huston un scénario que l'on peut considérer comme une épitaphe au gangster d'antan. Roy Earle n'est pas Rico, le petit César; il n'est pas mauvais en soi, c'est la société qui l'est. Roy est un rêveur qui, après un hold-up raté, s'enfuit vers la montagne pour y mourir. Ce n'est plus un homme de l'asphalte mais un être que son long séjour en prison a éloigné du monde qui l'entoure, où l'individualisme a disparu, un homme qui préfère se promener dans le parc pour sentir l'herbe sous ses pieds. Humphrey Bogart, qui n'avait guère joué jusque-là que des rôles de «dur», devient une star avec ce personnage vulnérable, habillé de noir comme s'il portait son propre deuil. En incarnant le crépuscule d'un truand, il clôt ainsi un cycle et s'apprête à en ouvrir un autre, celui du détective privé, inauguré par *Le Faucon maltais.*

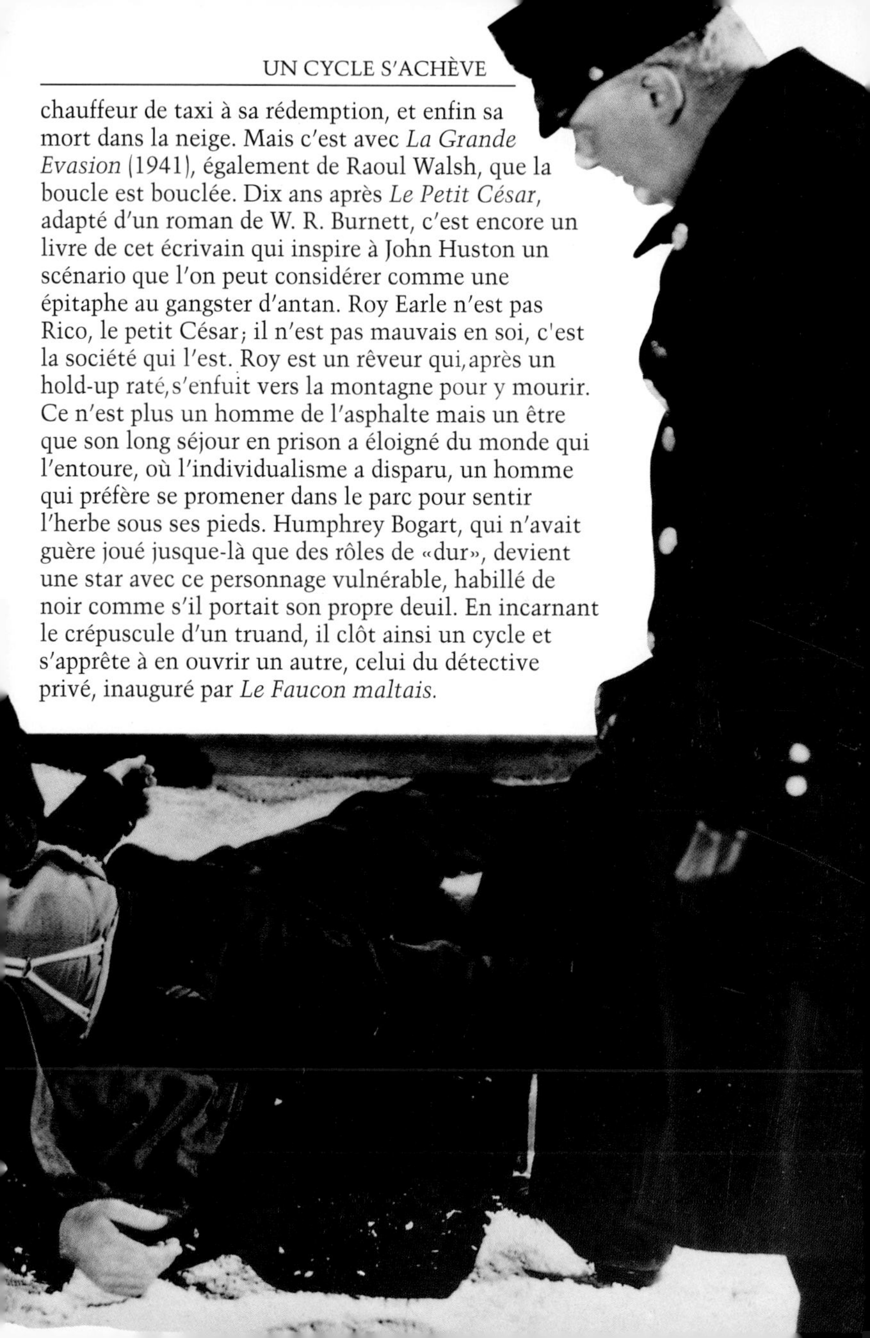

Si la figure du gangster domine les années trente, l'avènement du détective privé caractérise le début de la décennie suivante. *Le Faucon maltais* (1941) est en effet une œuvre aussi marquante et aussi influente qu'ont pu l'être *Le Petit César* ou *Scarface* dix ans auparavant. Ce film est le parangon d'un nouveau genre, le «film noir», qui s'épanouit dans un climat d'angoisse lié à la Seconde Guerre mondiale.

CHAPITRE III

# LE FILM NOIR

Pour son premier film, *Le Faucon maltais,* Huston fait sien l'univers de Dashiell Hammett sans le trahir. Comme beaucoup de ses héros, Sam Spade (Humphrey Bogart) est un professionnel fidèle à ses principes, envers et contre tout. Face à lui, la femme, ici Brigid O'Shaughnessy (Mary Astor), menace et tentation, veut le détourner de son but.

Ancien détective privé, Hammett (ci-dessous) innove autant qu'Hemingway par son style sobre et laconique. Mais il reste fidèle à la tradition américaine : ses récits sont des quêtes où la confrontation avec soi-même et la découverte d'un choix personnel sont plus importants que la solution de l'énigme. Chandler écrira : «Hammett a sorti le crime de son vase vénitien et l'a jeté dans le caniveau.»

*Le Faucon maltais* impose d'abord un nouveau cinéaste, John Huston, dont le coup d'essai est un véritable coup de maître. Il confirme aussi l'arrivée des scénaristes dans le camp des metteurs en scène, changement initié l'année précédente par Preston Sturges avec *Gouverneur malgré lui*. Jusque-là, les écrivains de cinéma jouaient un rôle essentiel et reconnu dans la création d'un film, mais les producteurs les maintenaient dans une position subalterne, n'hésitant pas à les brimer et à les diviser en faisant appel à plusieurs d'entre eux pour un seul film, afin de mieux régner.

## Hammett et Huston ou la rencontre idéale de l'image et du texte

Pour ses débuts derrière la caméra, John Huston, jeune scénariste émérite de la Warner, adapte aussi fidèlement que possible *Le Faucon maltais*, roman de Dashiell Hammett paru dix ans plus tôt. Le cinéaste a alors le même âge (trente-cinq ans) que l'écrivain quand il publia son livre. Ce film marque donc le mariage, pour une fois totalement réussi, de la littérature et du cinéma. Certes, le roman de Hammett a déjà été filmé deux fois, en 1931 par Roy Del Ruth et en 1936 par William Dieterle. Mais c'est Huston qui réalise cette fusion idéale entre un style littéraire que l'on dit fort inspiré par le cinéma (concision, impassibilité du regard, écriture sèche et brutale qui restitue des comportements) et une caméra-stylo qui ne décrit que ce qu'elle voit, donnant ainsi tout son double sens à l'objectif qu'elle utilise.

Enfin, *Le Faucon maltais*, œuvre décidément phare, impose Humphrey Bogart comme véritable star : comédien réputé, il commence à construire ici sa mythologie à partir du personnage de Sam Spade, détective privé au feutre mou, à l'imperméable gris, et l'éternelle cigarette aux lèvres.

Le privé n'est certes pas un personnage nouveau au cinéma, pas plus qu'en littérature. Ses origines remontent au Dupin d'Edgar Poe (*Double Assassinat dans la rue Morgue, Le Mystère de Marie Roget*), et on le retrouve sous les traits du Sherlock Holmes de Conan Doyle, du Hercule Poirot d'Agatha Christie, du Nick Carter de son homonyme Nicholas Carter, du Philo Vance de S. S. van Dine, et des détectives d'Ellery Queen, de Rex Stout ou d'Erle Stanley Gardner. Avec eux, nous avons affaire au roman-problème, au jeu intellectuel et au divertissement cérébral où, par les vertus du raisonnement et à partir d'un certain nombre d'indices, la vérité se fait jour.

Cairo (Peter Lorre), Brigid (Mary Astor) et Gutman (Sidney Greenstreet) sont unis par une même soif de richesse (ci-dessous). Ils forment avec Wilmer (Elisha Cook Jr.) un groupe haut en couleur, animé par une méfiance réciproque. Face à eux, Sam Spade, qui survivra seul, admire néanmoins leur art du mensonge et leur intelligence. Les groupes chez Huston sont destinés à échouer et à se dissoudre, et l'objet de la quête, du *Faucon maltais* au *Trésor de la Sierra Madre* et à la baleine de *Moby Dick*, n'est, d'après les mots de Shakespeare, qu'une illusion, «une matière dont sont faits les rêves».

L'œuvre de Hammett est d'une grande variété. L'histoire policière de *The Thin Man* (*L'Introuvable*) se déroule dans la haute société et possède un ton sophistiqué qui évoque Fitzgerald. Elle se prêta aisément dans les années trente, âge d'or de la comédie, à une adaptation légère de Woody S. van Dyke avec William Powell et Myrna Loy. *The Glass Key* (*La Clé de verre*), étude du pouvoir politique et de la corruption, rappelle l'engagement de l'écrivain qui lui valut d'être inquiété pendant la chasse aux sorcières. Dans l'adaptation de Stuart Heissler en 1942, Alan Ladd et Veronica Lake forment le couple archétypal du film noir, d'une beauté étrange et impassible. *The Dain Curse* (*Sang maudit*) dont le héros-détective annonce le personnage de Sam Spade est plus proche du roman gothique, avec ses cultes religieux et ses malédictions familiales.

Un crime est commis, des suspects sont passés en revue et seule la déduction permet d'éclaircir le mystère. Ce genre de littérature tentait depuis longtemps le cinéma sans jamais convaincre de son caractère visuel. Le raisonnement, la ratiocination se prêtent mal à leur transposition à l'écran, l'explication verbale fige le mouvement.

Grâce à Huston, l'univers et l'esprit de Hammett se retrouvent enfin sur l'écran. Les cinq romans majeurs de l'écrivain, *Le Grand Braquage, La Moisson rouge, Sang maudit, Le Faucon maltais, La Clé de verre,* publiés entre 1927 et 1930, sont les contemporains exacts des films de gangsters qui marquent cette même époque.

## Le privé face à la corruption urbaine

Hammett transpose l'univers du détective des beaux quartiers aux décors sordides des grandes villes populeuses, dans un climat malsain où règne l'atmosphère brutale du monde de la criminalité.

Lorsque la caméra de John Huston pénètre dans le bureau de Sam Spade, à l'ouverture du *Faucon maltais*, nous sommes loin de l'appartement de célibataire qu'occupait Sherlock Holmes, mais bien plus près en vérité de ces pièces grisâtres d'immeubles à demi décrépis où officient des

hommes d'affaires sans grand succès et des avocats véreux. Puis le spectateur suit les méandres de la quête de Spade qui change constamment de sens, jusqu'au moment où le privé doit sacrifier la femme qu'il aime, responsable de la mort de son associé.

L'intrigue et les personnages du *Faucon maltais* en font l'archétype d'un genre qui révèle une société où la corruption est générale, et non plus circonscrite comme dans les histoires classiques de détective. La tension entre cet univers corrompu et le regard du privé est l'assise du film de détective, car elle suppose un point de vue moral que le spectateur peut adopter. Le code éthique de Sam Spade ou celui de Philip Marlowe – fidélité à l'amitié, stoïcisme, goût du travail bien fait et de la tâche à accomplir vaille que vaille – sous-tend ces récits labyrinthiques.

Sam Spade (Humphrey Bogart) partage un bureau avec son associé Miles Archer (Jerome Cowan). Il le trompe avec sa femme, ne l'estime guère, mais lorsqu'il est tué, Spade n'a pour seul but que de le venger. C'est l'unique code éthique du privé dans un monde dominé par la violence, le cynisme, l'argent et le mensonge. Ce sens de l'honneur joint au pessimisme, à l'esprit sardonique et à la sobriété de comportement vont caractériser le personnage de Bogart à partir du *Faucon maltais*.

Coincé entre la police et les truands, le privé est un être seul qui ne peut compter sur personne. En un sens, il forme avec le gangster les deux faces d'une même médaille. Mais le criminel et le détective ne peuvent partager le rôle central d'un film. Si un cinéaste et un scénariste mettent l'accent sur le privé, le gangster devient périphérique et inversement. Or dans les années quarante, le gangster subit une éclipse.

Dans les années quarante, tout se passait comme si aux dangers concrets et extérieurs, représentés par l'ennemi allemand et japonais puis communiste, s'ajoutaient d'autres dangers plus insidieux qui pouvaient faire du voisin un ennemi potentiel. Dix ans après la dépression, l'incertitude régnait de nouveau et les angoisses de l'Amérique s'exprimaient dans le film criminel.

## L'air du temps

L'époque privilégie la menace diffuse et le malaise ambiant propres aux films noirs. Ceux-ci s'épanouissent en effet dans une période qui commence avec la menace nazie au début de la décennie, se poursuit par l'entrée en guerre des Etats-Unis après le bombardement de Pearl Harbour, et culmine avec les explosions nucléaires d'Hiroshima et de Nagasaki et l'angoisse qu'elles engendrent. Le retour de la paix s'accompagne de chômage, de conflits ouvriers, d'inflation et de changements sociaux importants. La guerre froide s'installe alors avec ses séquelles : la chasse aux sorcières et le maccarthysme mais aussi le conflit coréen. Le rêve américain une fois de plus se brise ; l'incertitude règne face aux dérapages du système et l'angoisse de la société s'exprime dans ces films où domine la criminalité. C'est au milieu des années cinquante que le genre s'essouffle, quand l'Amérique, pour la première fois après quinze ans d'insécurité, semble retrouver un certain optimisme.

WAR!

(Associated Press by Transpacific Telephone)

SAN FRANCISCO, Dec. 7.–President Roosevelt announced this morning that Japanese planes had attacked Manila and Pearl Harbor.

## «Film noir» et «Série noire»

Ce sont les Français qui forgent l'expression «film noir», qui sera adoptée ensuite par les Américains, pour caractériser des œuvres qui trouvent en France un écho privilégié.

Cette expression est aussi une référence transparente à la fameuse collection de la Série Noire, créée par Marcel Duhamel chez Gallimard dans l'immédiat après-guerre, qui permet aux Français de découvrir les auteurs d'Outre-Atlantique qui inspirent les films criminels.

Dashiell Hammett, Raymond Chandler, Cornell Woolrich (William Irish) et James Cain sont les principales sources d'inspiration de ces films où se manifeste, pour reprendre une expression de Nino Frank, «le dynamisme de la mort violente». Raymond Chandler voit ainsi son œuvre régulièrement adaptée

Les Français, après quatre années d'occupation et tout le cortège d'humiliations, de souffrances, et de délations qu'elle engendra, se passionnèrent pour le nouveau genre du film noir. Entre la mi-juillet et la fin août 1946, cinq films sortaient à Paris, au mépris de toute chronologie, dans un pays privé de cinéma américain pendant de longues années: *Le Faucon maltais*, *Laura*, *Adieu ma Jolie*, *Assurance sur la mort*, et *La Femme au portrait*. La création simultanée de la Série Noire faisait connaître des romanciers assez proches de la littérature existentialiste – celle de Sartre et Camus en particulier – qui séduisait alors les nouvelles élites intellectuelles.

dans les années quarante, Philip Marlowe prenant le relais du Sam Spade de Dashiell Hammett, en privé cynique et impavide, dont l'intelligente investigation a toujours une longueur d'avance sur le spectateur. Humphrey Bogart assure la continuité de l'un à l'autre puisqu'il incarne Philip Marlowe dans *Le Grand Sommeil* (1946) de Howard Hawks. Les autres interprètes de Philip Marlowe proposent des variations autour du prototype incarné par Bogart : humour à froid, impassibilité de surface, solitude et caractère taciturne.

Homme solitaire, Raymond Chandler (ci-contre) passa toute sa vie d'écrivain en Californie dont il fit le cadre de ses œuvres. Disciple de Hammett et de Hemingway, il publia son premier roman, *Le Grand Sommeil*,(ci-contre en bas) en 1939, à l'âge de 51 ans.

## Crime et passion

Chandler joue par ailleurs un rôle essentiel dans l'histoire du film noir en écrivant avec Billy Wilder le scénario d'*Assurance sur la mort* (1944), d'après le livre de James Cain. L'œuvre qui résulte de la rencontre de ces trois personnalités marque une étape aussi importante que *Le Faucon maltais* dans l'évolution du genre. Le crime est cette fois accompli par un Américain moyen ; le fait divers bascule dans la tragédie. Parallèlement, de nouvelles préoccupations apparaissent : la faiblesse du héros masculin et le caractère destructeur de la sexualité. La tension est forte entre le couple criminel qui incarne une société ébranlée et le détective (Edward G. Robinson) qui représente le nécessaire retour à l'ordre.

Le même climat se retrouve dans de nombreux films, dont *Le Rôdeur* (1951) de Joseph Losey, et plus particulièrement dans deux autres adaptations de James Cain, *Le Roman de Mildred Pierce* (1945) de Michael Curtiz, et surtout *Le facteur sonne toujours deux fois* (1946) de Tay Garnett. Ce film reprend le thème des amants meurtriers au destin tragique, John Garfield et Lana Turner interprétant le couple au comportement équivoque, oscillant entre l'amour fou et le calcul égoïste, qui se débarrasse de l'époux.

De tous les interprètes de Marlowe, Chandler préférait Bogart dans *Le Grand Sommeil* d'Howard Hawks (ci-dessous). «Comme Edward G. Robinson, disait-il, tout ce qu'il a à faire pour dominer une scène c'est d'y entrer.» Les scénaristes (dont William Faulkner) et Chandler lui-même ont toujours avoué ne pas avoir su démêler les fils de ce récit labyrinthique.

Deux films de Fritz Lang, *La Femme au portrait* (1944) et *La Rue rouge* (1945), accentuent encore ce sentiment d'oppression et de fatalité inexorable. Edward G. Robinson y incarne respectivement un professeur et un peintre du dimanche qui tombent dans les rets d'une femme fatale à laquelle Joan Bennett prête ses traits. De fait, Lang trouve dans le film noir, un des genres les plus populaires de l'époque, un terrain propice pour exprimer ses hantises et son pessimisme de toujours.

*La Rue rouge* (ci-contre), remake de *La Chienne* de Renoir et réalisée en 1945, un an après *La Femme au portrait*, reprend, avec les mêmes interprètes, Edward G. Robinson et Joan Bennett, le thème de l'homme ordinaire, vivant dans l'imaginaire et victime désignée de la femme fatale. Dans les années quarante, la mode en Amérique est à la psychanalyse et Fritz Lang, Viennois comme Freud, a toujours manifesté un intérêt pour le travail de l'inconscient. Dans le prologue, une rue expressionniste préside à une rencontre aux conséquences tragiques, sous le regard de l'ordre et de la loi.

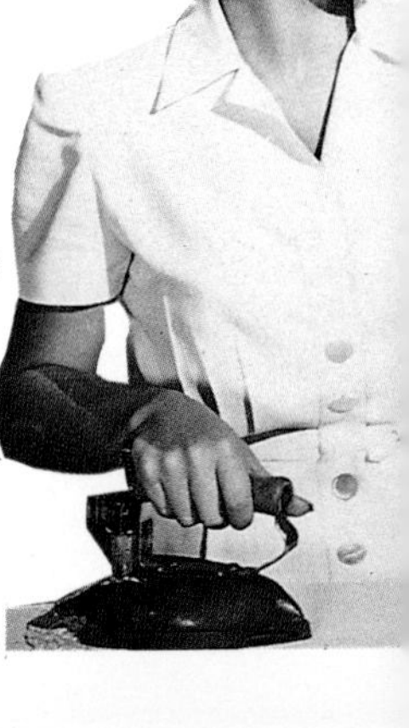

## Le film policier semi-documentaire

En 1945, un an après la sortie d'*Assurance sur la mort*, un nouveau cycle de films criminels apparaît, annoncé par *La Maison de la 92ᵉ Rue* de Henry Hathaway, dont le réalisme social s'exprime dans un style proche du documentaire. Derrière cette volonté, il faut surtout voir l'influence du producteur, Louis de Rochemont, qui avait produit dans les années trente de célèbres actualités cinématographiques, *March of Time*. En outre, le public américain a été habitué à voir pendant la guerre les nombreux films documentaires de propagande signés par les grands noms de Hollywood. On ne saurait non plus sous-estimer l'impact des premiers films néo-réalistes italiens, en particulier *Paisa* et *Rome, ville ouverte* de

Roberto Rossellini. Enfin, les difficultés économiques que rencontre Hollywood à cette époque plaident pour des tournages meilleur marché, dans des décors naturels que permettent les récents développements techniques.

*Boomerang* (1947), mis en scène par Elia Kazan mais également produit par Louis de Rochemont, avertit en ouverture, par le biais d'une voix anonyme, que le film est fondé sur des faits qui se sont passés dans une petite communauté de la Nouvelle-Angleterre, qui ressemble beaucoup à celle dans laquelle l'action se déroule.

L'influence de la méthode de Rochemont se retrouve aussi dans des films qu'il n'a pas produits. Ainsi, *La Brigade du suicide* (1947) d'Anthony Mann commence par un plan sur Elmer Lincoln, ancien responsable du département du Trésor, qui regarde la caméra et lit une déclaration sur son travail. *Appelez Northside* 777 (1948), de Henry Hathaway, s'inspire également d'une histoire véridique qui s'est passée à Chicago où le film fut effectivement tourné. Hathaway y trace le portrait d'un reporter cynique, qui peu à peu se prend au jeu de la recherche de la vérité. C'est aussi une coupe sociologique des bas quartiers de Chicago et d'une minorité ethnique.

Adapté d'un roman de James Cain, *Le facteur sonne toujours deux fois* (1946) met en scène un couple criminel qui, tentant d'échapper à la banalité quotidienne, se trouve prisonnier d'une situation inextricable. A la fois dominés et unis par la peur, Lana Turner et John Garfield (ci-contre), dirigés par Tay Garnett, échangent des commentaires sarcastiques. Elle lui explique qu'elle s'est mariée sans amour. Il ironise: «Peut-être bien que mon futur commence aujourd'hui!» Par contraste, *Boomerang* (1947), tourné par Elia Kazan en décors naturels à Stamford dans le Connecticut, participe d'une nouvelle tendance semi-documentaire. A travers l'inculpation d'un innocent (Arthur Kennedy ci-dessus, avec, à gauche, Karl Malden) le film dénonce la corruption municipale.

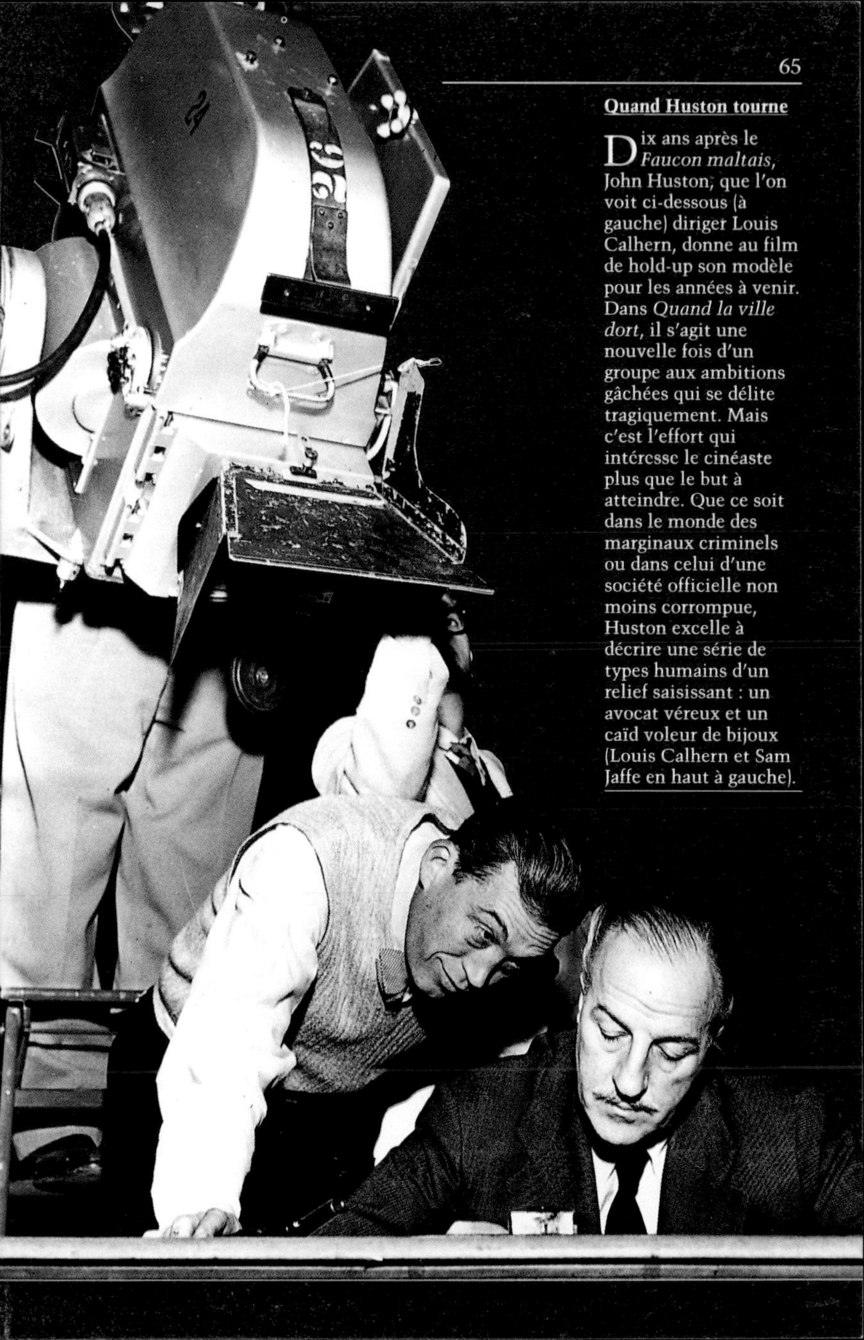

**Quand Huston tourne**

Dix ans après le *Faucon maltais*, John Huston, que l'on voit ci-dessous (à gauche) diriger Louis Calhern, donne au film de hold-up son modèle pour les années à venir. Dans *Quand la ville dort*, il s'agit une nouvelle fois d'un groupe aux ambitions gâchées qui se délite tragiquement. Mais c'est l'effort qui intéresse le cinéaste plus que le but à atteindre. Que ce soit dans le monde des marginaux criminels ou dans celui d'une société officielle non moins corrompue, Huston excelle à décrire une série de types humains d'un relief saisissant : un avocat véreux et un caïd voleur de bijoux (Louis Calhern et Sam Jaffe en haut à gauche).

OAT(2660)-89

**Braquage et haine raciale**

Le *Coup de l'escalier* (1959) est un des derniers surgeons du film noir et clôt une décennie d'histoires de hold-up ouverte par *Quand la ville dort*. Un ancien flic (Ed Begley) chassé des forces de l'ordre, un gangster violent et solitaire (Robert Ryan, faisant feu ci-contre) et un chanteur noir (Harry Bellafonte, à gauche) qui doit rembourser une dette s'unissent pour réaliser un casse. Robert Wise, ancien monteur – il travailla sur *Citizen Kane* – donne à son film un style haché, haletant, que renforce la musique jazzée de John Lewis. Joseph Brun crée une photo burinée pour peindre une ville aux rues sinistres, avec leurs flaques d'eau noirâtres et leurs papiers sales. La haine du truand pour l'homme de couleur fera échouer le hold-up. Comme la plupart des films criminels, *Le Coup de l'escalier* évoque un contexte social et moral précis : le racisme, la peur atomique, l'homosexualité. Abraham Polonsky, brillant écrivain et victime de la liste noire aurait contribué au scénario sans être crédité.

*La Cité sans voiles* (1948), réalisée par Jules Dassin, relate une enquête criminelle menée par des policiers new-yorkais. Le film s'ouvre sur des plans aériens de la métropole, tandis que la voix du producteur Mark Hellinger annonce que les acteurs jouent leurs rôles dans de vraies rues et de vrais immeubles. La caméra découvre les quartiers populaires de New York et introduit quelque types sociaux représentatifs, tout en suivant une enquête sur un meurtre. Enfin, la voix de Mark Hellinger conclut : «Il y a huit millions d'histoires dans *La Cité sans voiles*. Celle-ci est l'une d'entre elles.»

**Le policier et le privé**

Dans le thriller néo-documentaire, le personnage principal est le plus souvent un agent fédéral ou un policier local – le journaliste se substituant exceptionnellement à eux pour mener l'enquête. Sa tâche s'apparente à celle du détective privé mais le premier est membre d'une organisation, le second est un individu qui ne dépend que de lui-même. Du film policier n'émane que rarement ce climat étouffant, inquiétant, qui est la marque du film de privé. Il témoigne au contraire d'une relative confiance dans les institutions. Le policier agit avec méthode et défend la loi et l'ordre là où le privé travaille par intuition et incarne une attitude morale et individualiste.

*La Cité sans voiles* (ci-dessus), photographiée en extérieurs réels par William Daniels, s'oppose aux films noirs réalisés en studio. Mis en scène avec énergie par Jules Dassin, le film doit beaucoup à son producteur Mark Hellinger, personnage clé du film criminel qu'il orienta vers le réalisme avec des films comme *La Grande Evasion, Les Tueurs* ou *Les Démons de la liberté*.

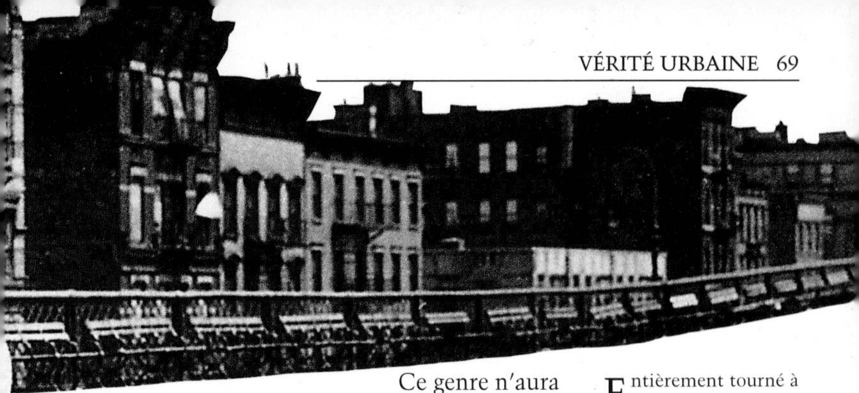

Ce genre n'aura toutefois qu'une vie éphémère. A la fin de la décennie, en cette année 1950 qui voit apparaître le plus grand nombre de films noirs jamais recensés, une œuvre d'Elia Kazan, *Panique dans la rue*, en signale la dénaturation. Tout en gardant le réalisme qui fait la richesse du genre, l'œuvre de Kazan accentue l'exceptionnel plutôt que l'ordinaire, renouant ainsi avec la vision sombre et le romanesque du film noir classique. La métaphore et l'angoisse l'emportent sur la simple et scrupuleuse reconstitution des faits.

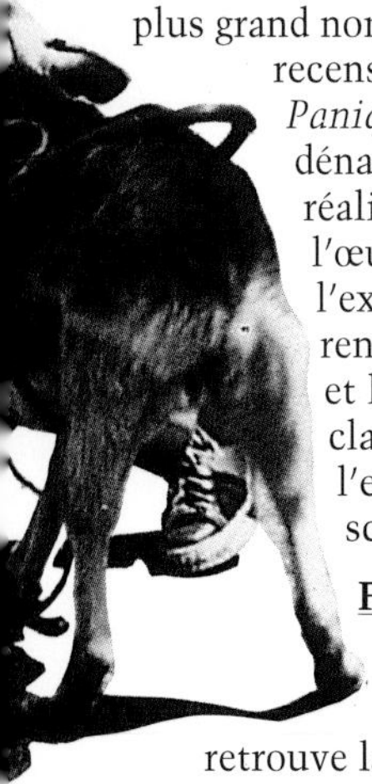

**Films de hold-up et films de prison**

Un semblable alliage se retrouve la même année 1950 dans le film de John Huston, *Quand la ville dort*, autre adaptatation de W. R. Burnett. Ce chef-d'œuvre de Huston inaugure, à l'orée de la décennie suivante, une série de films qui gravitent autour d'un casse. Tout se passe comme si une société de plus en plus froide et technologique provoquait en retour l'action d'un groupe d'hommes acharnés à la défier et à la vaincre par un travail collectif.

Entièrement tourné à La Nouvelle-Orléans, en particulier dans la zone portuaire, *Panique dans la rue* (ci-dessous, avec Zero Mostel) emprunte néanmoins au style contrasté du film noir qui se reflète dans les ombres portées. Kazan y décrit les efforts d'un médecin fédéral et d'un détective pour isoler un pestiféré. Ils se heurtent à un gang organisé que les citoyens ont peur de dénoncer. Le film reflète la paranoïa collective de l'époque.

Ces films de hold-up s'organisent autour d'un scénario intangible. Le public s'identifie à une demi-douzaine de personnages qui, dans un cadre urbain, entreprennent un vol. Au centre se trouve un homme d'action qui a de l'autorité et de l'expérience. Pourtant l'entreprise échoue. C'est à ce schéma qu'obéissent peu ou prou *L'Ultime Razzia* (1956) de Kubrick, *Le Coup de l'escalier* (1959) de Robert Wise, *Les Sept Voleurs* (1960) de Henry Hathaway ou *Du Rififi chez les hommes* (1955) que Jules Dassin, exilé, est venu tourner en France.

Le film de prison est le double renversé du film de hold-up. Les gangsters ne s'introduisent plus dans un lieu fermé, symbole de la puissance des institutions, mais s'échappent d'un endroit clos non moins représentatif d'un ordre établi. On retrouve la même typologie des personnages et la même présence d'un chef charismatique. Telle est la structure des *Démons de la liberté* (1947) de Jules Dassin, et des *Révoltés de la cellule 11* (1954) de Don Siegel. Chassé des Etats-Unis par le maccarthysme, Joseph Losey fera la jonction du film de prison et du film de hold-up avec *Les Criminels* (1960), tourné en Grande-Bretagne.

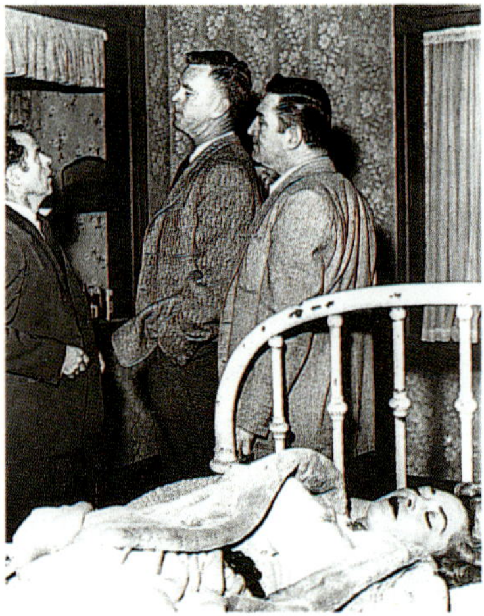

*L'Ultime Razzia* (ci-dessus, avec Elisha Cook Jr., Sterling Hayden, Ted DeCorsia et Marie Windsor) descend directement de *Quand la ville dort*, obéissant au schéma du film de hold-up, même si elle en bouscule la narration. Le casse a lieu ici sur un champ de courses. Chaque bandit possède un savoir-faire particulier qu'il met au service du gang. Mais, comme toujours chez Kubrick, une faiblesse humaine dérègle le mécanisme.

Dans *Les Criminels* (ci-contre avec Stanley Baker), qui relatent également un casse sur un hippodrome, Joseph Losey transplante en Angleterre le film noir, genre qu'il avait illustré à ses débuts à Hollywood.

## Le retour du gangster

En prison ou opérant un braquage, le gangster réapparaît dans les années cinquante comme un personnage essentiel. Celui des années quarante est incertain, incapable d'exercer sa volonté. Celui des années trente s'oppose au monde pour arriver quelque part et échoue. En 1950, une telle tension n'existe plus. Le gangster est décrit là où il est, le plus souvent acculé contre un mur, dans une rue sans issue ; ou bien c'est un homme prisonnier d'une organisation qui le domine et dont il n'est qu'un pion. Car les entreprises criminelles sont devenues des sociétés anonymes. Ce monde du racket est brillamment décrit par Abraham Polonsky dans *L'Enfer de la corruption* (1948), analyse aiguë du capitalisme et des maux qu'il entraîne : appât du gain, culpabilité, haine et angoisse. *La Femme à abattre* (1951) de Raoul Walsh, donne une autre version, également puissante, de ce syndicat du crime.

Le même Raoul Walsh propose une autre image du gangster, celle du psychotique, dans un chef-d'œuvre qui clôt les années quarante, *L'enfer est à lui* (1949).

*L'enfer est à lui* (ci-dessus, avec James Cagney, Edmond O'Brien et Wally Cassell), est fort différent de *La Grande Evasion,* réalisée dix ans plus tôt par le même Raoul Walsh, où Bogart jouait un gangster, relique du passé, sous une lumière romantique et sentimentale. Ici, Cody Jarrett est atteint de crises d'épilepsie, dominé par sa mère et animé d'une énergie stupéfiante. Produit par la Warner, *L'enfer est à lui* est un chef-d'œuvre, influencé par la psychanalyse, nouvellement populaire à l'écran, et par l'esthétique du film noir.

James Cagney interprète un chef de gang fou qui meurt dans l'explosion d'une usine à gaz qu'il a provoquée, métaphore de l'éclatement de son propre cerveau et de celui d'un monde qui vit sous la menace de l'holocauste atomique. *L'enfer est à lui,* dont le style et le rythme sont ceux des années trente, annonce par sa violence les films des années cinquante, comme *Le Démon des armes* (1950) de Joseph H. Lewis, et une série de biographies de gangsters mythiques : *L'Ennemi public* (1957) de Don Siegel, *Mitraillette Kelly* (1958) de Roger Corman, *La Chute d'un caïd* (1960) de Budd Boetticher.

A la différence de *L'Enfer est à lui*, ces films sont tous des séries B, comme si leur mise en cause de la société, l'amoralité de leur point de vue et la brutalité de leur action les rendaient indignes d'une production de prestige dans l'Amérique bien pensante de l'ère Eisenhower. *The Phœnix City Story* (1955) ou *Les Frères Rico* (1957) de Phil Karlson, et *Le Port de la drogue* (1952) ou *Les Bas-fonds de New York* (1961) de Samuel Fuller s'éloignent aussi de l'atmosphère «noire» et

Grâce au scénario inventif d'A.I. Bezzerides et à sa mise en scène survoltée, Robert Aldrich transcende dans *En quatrième vitesse* (ci-dessous) le matériau littéraire de Mickey Spillane. Si le film respecte la trame du film de détective – un enquêteur interroge une série de témoins et de suspects – il s'oriente néanmoins vers l'exagération et la satire comme pour signifier la fin du film noir. Le cadre en est un Los Angeles délabré et miteux, hanté par le spectre nucléaire. Le privé, brutal et immoral, est la négation des héros des années quarante. Pour être plus contrôlé et plus analytique, *Le Grand Chantage* (ci-dessus, avec Burt Lancaster et Susan Harrison) n'en est pas moins pessimiste dans sa peinture d'une société gouvernée par le mensonge et la manipulation.

adoptent le même style elliptique, sec, nerveux dans des films à budget modeste.

## Apothéose et agonie du film noir

Deux films sont à maints égards emblématiques des années cinquante par leur pessimisme radical : *En quatrième vitesse* (1955) de Robert Aldrich et *La Soif du mal* (1957) d'Orson Welles. Leurs personnages sont des antihéros à la moralité douteuse, qui se déplacent dans un univers fangeux et décadent. *En quatrième vitesse* abandonne vraisemblance et réalisme au profit de la vision apocalyptique et convulsive d'un monde en proie au chaos. Au final, l'ouverture d'une boîte mystérieuse dégage des radiations mortelles et évoque la fin du monde.

Une atmosphère tout aussi poisseuse se retrouve dans *La Soif du mal*, œuvre nocturne plongée dans un climat d'un noir absolu. Shakespearien notoire, Welles relie le film à la tragédie élisabéthaine, où la frontière entre le bien et le mal est infiniment mouvante. *La Soif du mal* est, avec son exact contemporain, *Le Grand Chantage* (1957) d'Alexander Mackendrick – portrait au vitriol du monde de la presse – l'apothéose d'un genre et son épitaphe.

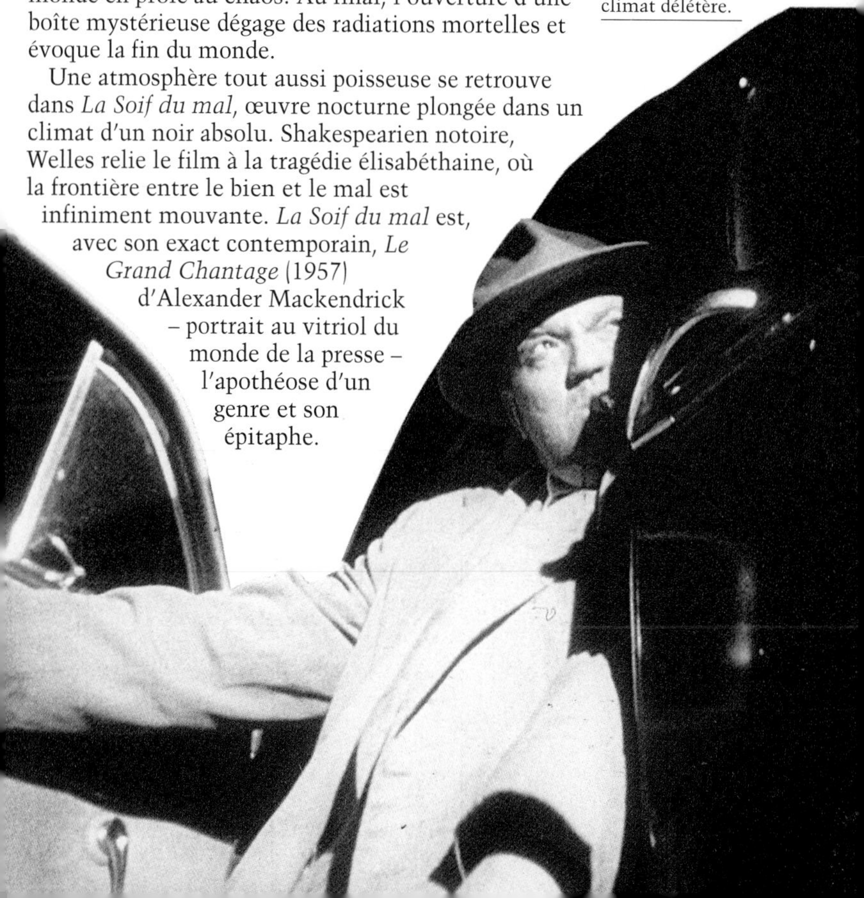

Dans *La Soif du mal*, le policier Quinlan (Orson Welles, ci-dessous) est, signe des temps, aussi monstrueux que les gangsters qu'il poursuit. Depuis le tic-tac d'une bombe qui va exploser pendant la séquence d'ouverture, jusqu'à la chute ignominieuse de l'inspecteur malhonnête, tout le film baigne dans un climat délétère.

Pour un metteur en scène hollywoodien des années trente, raconter une histoire, c'était adopter un point de vue apparemment objectif, se soumettre à une logique de cause à effet et amener le spectateur à s'identifier en toute lucidité au personnage central. Le film noir fait vaciller la certitude du public quant aux valeurs de l'Amérique ; de même, dans son mode de narration, il s'oppose encore aux conventions.

CHAPITRE IV

# FORMES ET FIGURES DU FILM NOIR

Une caméra sinueuse, une photographie contrastée, un tableau, un air musical et l'obsession d'un détective pour une femme morte font de *Laura* l'archétype du film noir. Mais l'influence d'Orson Welles (à droite) sur le genre fut considérable.

Le retour en arrière et le narrateur «off», si caractéristiques du film noir à partir d'*Assurance sur la mort* (1944), se présentent comme un défi lancé au récit linéaire. L'œuvre pionnière à cet égard n'est pourtant pas un film noir mais *Citizen Kane* (1941) d'Orson Welles, film révolutionnaire dans ce domaine comme dans bien d'autres. Il revient à Orson Welles et à Herman Mankiewicz de faire éclater la confiance de Hollywood dans le réel représenté, en reconstituant la vie du citoyen Kane à partir du récit de cinq de ses familiers, après nous en avoir montré la version «officielle» sous la forme d'un pastiche des actualités filmées *March of Time* de Louis de Rochemont, *News on the March*.

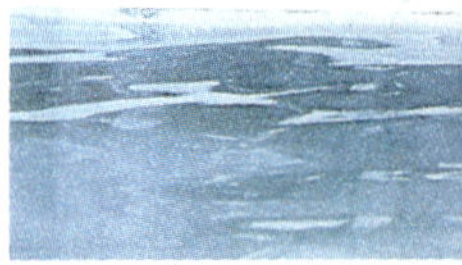

Dans *Assurance sur la mort* de Billy Wilder, le couple criminel (Barbara Stanwyck et Fred McMurray, à gauche) laisse le cadavre du mari sur la voie ferrée. Le coupable enregistre son récit, tentant d'ordonner son chaos intérieur.

**Un personnage se souvient...**

*Assurance sur la mort* s'ouvre sur la confession de l'agent d'assurance Walter Neff (Fred McMurray) blessé mortellement. Un rapport tendu et pathétique s'instaure alors entre les scènes du passé et le moment qui précède la mort. Chaque image semble conduire à l'issue fatale, le film noir est placé sous le signe de l'inéluctable. Plus explicite encore – relevant même du fantastique – est la solution narrative

Pour l'ouverture de *Boulevard du crépuscule*, Wilder (ci-dessous) avait imaginé une séquence à la morgue où un cadavre se redressait et évoquait sa vie. Plutôt que ce prélude sardonique, il préféra mettre le corps de William Holden au fond d'une piscine (à gauche) et lui faire raconter son histoire tandis que les policiers le repêchent «comme un bébé-baleine».

Viennois d'origine, né en 1906, Billy Wilder a vu dans sa jeunesse l'effondrement d'un empire qui vivait dans la prospérité et dans l'hypocrisie. Comme beaucoup de ses compatriotes austro-hongrois, il a marqué le film noir en portant un regard froid, sans illusion ni complaisance, sur les tares de la société américaine.

adoptée par Billy Wilder dans son *Boulevard du crépuscule* (1950), qui entretient des rapports avec le film noir : le cadavre de Joe Gillis (William Holden) se met à parler et évoque sa rencontre avec une star du muet, Norma Desmond (Gloria Swanson) qui finira par le tuer dans un accès de folie.

La voix de cet homme qui se souvient d'un drame dont il connaît l'issue, nous l'entendons dans bien des films noirs. C'est la voix de Frank Chambers (John Garfield) dans *Le facteur sonne toujours deux fois*, celle de Rip Murdoch (Humphrey Bogart) dans *En marge de l'enquête* de John Cromwell, ou celle de Frank Bigelow (Edmond O'Brien) dans *Bon pour la morgue* (1949) de Rudolph Maté. L'aveu d'un homme qui va mourir est aussi un moyen ultime pour établir une communication avec l'autre dans un monde où chacun vit seul. Pour *Laura* (1944), d'après un roman de Vera Caspery, Otto Preminger inversera l'usage du retour en arrière. C'est cette fois un vivant, Waldo Lydeker (Clifton Webb), qui évoque l'image d'un être mort (ou supposé mort) dont il était éperdument amoureux, interprété par Gene Tierney. Mais là encore, l'évocation nécrophile du souvenir est l'élément déterminant de l'atmosphère du film.

*Les Tueurs* de Robert Siodmak s'inspire d'une nouvelle de Hemingway où deux tueurs (William Conrad et Charles McGraw à gauche) viennent exécuter le «Suédois» (Burt Lancaster ci-dessous). L'histoire est devenue le prologue du film qui s'attache ensuite par une enquête labyrinthique à retrouver la biographie d'un homme qui n'avait plus envie de vivre.

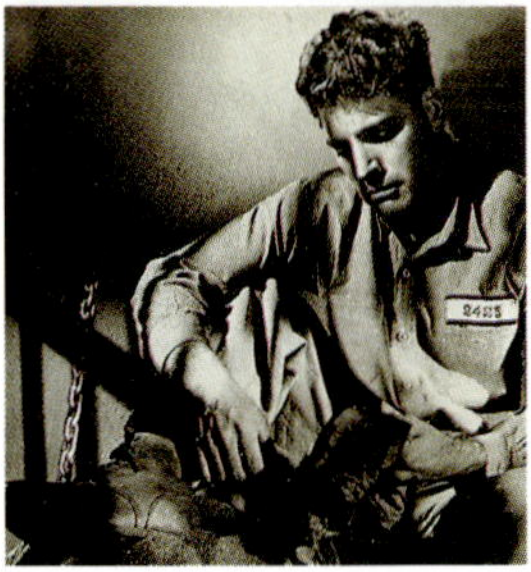

## Le retour en arrière

Les retours en arrière chers au film noir peuvent atteindre des degrés de complication qui ne le cèdent en rien à *Citizen Kane.* Il n'en faut pas moins de onze à Anthony Veiller et John Huston, scénaristes des *Tueurs*, pour permettre à l'enquêteur Jim Reardon (Edmond O'Brien) de retracer l'existence du «Suédois» (Burt Lancaster), ancien boxeur devenu truand, que des hommes de main sont venus assassiner dans la petite ville où il s'est retiré.

Non moins labyrinthique est l'une des œuvres maîtresses de Jacques Tourneur, *La Griffe du passé* (1947), d'après un roman de Geoffrey Homes. Un Robert Mitchum somnambule évoque sa vie d'ancien privé dans une voiture le conduisant de nuit au lac Tahoe : il doit retrouver un gangster (Kirk Douglas) qui jadis fit appel à ses services. Le voyage dans l'espace s'accompagne d'un voyage dans le temps avant que le héros ne se trouve de nouveau confronté à son ancien employeur et à la femme fatale (Jane Greer), source de tous ses maux. Ce film crépusculaire s'achève par la mort des trois

protagonistes ; le retour en arrière y est vécu comme un cauchemar éveillé.

Dans toutes ces œuvres, le narrateur s'interrompt

souvent pour laisser le récit se dérouler «objectivement». C'est à Orson Welles, ancien homme de radio, qu'il revient de nous immerger complètement dans la voix off du protagoniste de *La Dame de Shanghai,* renouant ainsi avec l'utilisation du son et du commentaire qui marquait *Citizen Kane*. Car la radio, qui contribua à la naissance du film parlant, joue également un rôle non négligeable dans la sophistication nouvellement acquise par Hollywood pour utiliser le son et la voix dans l'économie générale du film noir.

L'inquiétante photo de Nicholas Musuraca exprime bien l'existence ténébreuse où va se retrouver plongé Jeff Bailey alors qu'il roule avec Ann, la femme qu'il aime (Robert Mitchum et Virginia Huston, ci-dessus). *La Griffe du passé* est une illustration parfaite du thème de l'homme détruit par la tentatrice, interprétée ici par Jane Greer que l'affiche fait ressembler à Bette Davis ! Le scénariste Daniel Mainwaring était un remarquable écrivain auquel on doit entre autres les films criminels *Haines, Ça commence à Vera Cruz, The Phoenix City Story* et *Baby Face Nelson.*

## La caméra subjective

Ce sont encore les progrès techniques qui encouragent les cinéastes à explorer les possibilités de la caméra subjective, où l'œil de l'objectif se substitue au personnage principal. Delmer Daves l'utilise pendant les premières séquences des *Passagers de la nuit* (1947) pour résoudre les problèmes posés par le scénario.

Vincent Parry, gangster en fuite, a subi une opération de chirurgie esthétique pour ne pas être reconnu. Comme le spectateur connaît trop bien, lui, le visage de son interprète (Humphrey Bogart), l'emploi de cette technique et la découverte des bandelettes qui recouvrent la tête de l'acteur deviennent un subterfuge qui permet ensuite de faire accepter les traits du personnage.

*La Dame du lac* (1947) de Robert Montgomery, tentative unique de caméra subjective intégrale, se solde par un échec : le procédé frappe par son artifice.

A l'extrême opposé, la voix de Dieu omniscient adoptée par les films policiers semi-documentaires pour renforcer l'objectivité de la présentation des faits ne peut échapper à son caractère convenu et disparaît vite.

## L'ombre et la lumière

L'univers plastique du film noir s'oppose aussi fortement aux conventions régnantes à Hollywood que son mode de récit. Le chef opérateur dispose de trois sortes de lumière. La lumière de base («key light»), située au-dessus de la caméra et placée de biais par rapport à l'acteur, éclaire l'espace et crée des ombres fortement définies. La lumière d'appoint («fill light»), placée près de la caméra, éclaire indirectement et adoucit les ombres créées par la lumière de base. L'éclairage en contre-jour est chargé de créer des effets de lumière particuliers et de faire ressortir le comédien par rapport à l'arrière-plan.

Dans le film noir, le rôle de la lumière d'appoint est minimisé au profit d'une photo sous-exposée qui accentue les contrastes, plonge les pièces et les paysages dans l'obscurité. Les stars féminines sont désormais filmées sous une lumière crue qui durcit leur expression et leur donne une beauté inquiétante. Les réalisateurs de films noirs décident aussi très souvent de tourner les scènes de nuit... la nuit, afin d'obtenir des cieux plus sombres, des contrastes plus frappants, renonçant à la «nuit américaine», procédé technique qui permettait de tourner de jour les scènes de nuit en disposant des filtres sur l'objectif et en diminuant la lumière qui entrait dans la caméra. Des problèmes tout aussi complexes se posent aux chefs

Le film noir est certainement le genre le plus esthétiquement novateur des années quarante. La publicité ne s'y trompait pas, qui appelait le spectateur de *La Dame du lac,* tournée en caméra subjective, à s'identifier avec le protagoniste (Robert Montgomery ci-contre, avec Audrey Tutter). Les éclairages faisaient également preuve d'audace. Dans les années trente, les stars (par exemple Marlene Dietrich à gauche dans *Shanghaï Express*) voyaient les traits de leur visage éclairés avec douceur au moyen d'une lumière diffuse obtenue par exemple en plaçant du verre pilé sur la lumière de base ou de la gaze sur l'objectif même. En jouant avant tout avec la lumière de base comme dans ce plan d'Ava Gardner (ci-contre), Woody Bredell, chef opérateur, a donné à l'héroïne des *Tueurs* un masque dur et impassible.

opérateurs des films noirs lorsqu'ils veulent obtenir une grande profondeur de champ, afin de mieux situer les personnages dans leur décor et de montrer les rapports menaçants entre l'arrière et le premier plan, tout en permettant au spectateur de pouvoir «lire» l'image malgré la faiblesse de l'éclairage. Là encore, c'est Orson Welles qui donne l'exemple, avec les recherches de son directeur de la photo, Gregg Toland, pour *Citizen Kane*. Refusant de faire entrer plus de lumière dans la caméra (ce qui aurait nui à l'obscurité recherchée), Gregg Toland, comme les autres chefs opérateurs du film noir, n'avait d'autre issue que l'utilisation des courtes focales qui, découvrant les superstructures du studio (d'ordinaire invisibles), obligent à construire des plafonds. De même les visages filmés en courte focale ont tendance à jaillir de l'écran, agresser le spectateur et se présenter souvent déformés. L'adoption d'une technique particulière aboutit donc à accroître les sentiments de menace, d'étouffement et de paranoïa propres au genre.

## Un univers plastique et moral original

Tout style, selon l'expression de Sartre, renvoie à une métaphysique. Les auteurs de films noirs privilégient ainsi le déséquilibre de la composition, la distorsion, les angles inhabituels, les plongées qui écrasent leurs personnages, les cadrages claustrophobiques. Le romantisme noir de cet univers plastique et moral ne pouvait que convenir à des réalisateurs qui très souvent avaient fui l'Allemagne nazie et contribuèrent de manière décisive à l'épanouissement du genre. L'expressionnisme, qui influença

Boycotté par les médias parce qu'il s'attaquait au magnat de la presse William Randolph Hearst, *Citizen Kane* d'Orson Welles (à gauche avec son chef opérateur Gregg Toland) fut un échec public mais impressionna considérablement la profession. Son style de récit, son utilisation du son (Welles était un grand homme de radio) et ses éclairages (ci-contre) influencèrent le film noir. Mais Welles lui-même, bien qu'il prétendît avoir vu de nombreuses fois *La Chevauchée fantastique* de John Ford pour préparer son film, était avant tout redevable aux œuvres expressionnistes allemandes dont *M le Maudit* (ci-dessous) et d'autres films de Lang.

considérablement le cinéma allemand des années vingt, est très proche en effet du film noir.

Une autre influence est celle du réalisme poétique cher au cinéma français de la fin des années trente, qui nous renvoie de façon indirecte au cinéma allemand. Car les films de Carné ou de Renoir furent souvent éclairés par des chefs opérateurs venus d'outre-Rhin.

Il ne faudrait cependant pas exagérer ces influences culturelles. Car ce sont deux Américains de pure souche, Orson Welles et Robert Aldrich, qui exacerbent le pessimisme du film noir dans les années cinquante, avec *La Soif du mal* et *En quatrième vitesse*. A la même époque, au contraire, Fritz Lang et Otto Preminger dépouillent leur mise en scène afin d'obtenir clarification, transparence

Fritz Lang (ci-contre) abandonne ses monstres en quittant Berlin pour Hollywood, mais garde son regard implacable et lucide.

et analyse rationnelle du monde dans *L'Invraisemblable Vérité* (1956) et *Autopsie d'un meurtre* (1959).

Curieusement, les artistes qui signent la photographie des films noirs sont dans leur presque totalité américains. Car les syndicats d'Outre-Atlantique sont particulièrement protectionnistes et le très haut niveau technique atteint par Hollywood dispense de faire appel aux talents étrangers. L'esthétique de la photographie est liée aux compagnies de production qui s'attachent pour sept ans les services d'un chef opérateur.

## La ville, espace du film noir

La rue et la ville reviennent de façon obsessionnelle dans les titres des films noirs. Car la cité moderne est le cadre de leur action. Et après la fermeture de la frontière à la fin du XIX^e^ siècle, la réussite américaine se situe en milieu urbain. C'est donc là que le protagoniste du film noir en quête d'argent et de sexe rencontre son destin.

La ville du film noir attire et détruit. Elle favorise les aventures romantiques et mortelles. Les décors types sont les lieux inhabités et menaçants truffés de recoins obscurs, ou les lieux de passage où toutes les rencontres sont possibles. Le ring du match de boxe

présent dans de si nombreux films est le symbole même de la ville. C'est un espace restreint et délimité où la violence, le désir de réussite et l'appât du gain se donnent libre cours.

Voie sans issue ou croisée des chemins, la ville est toujours un piège labyrinthique. Elle n'est pas éloignée de l'image que nous offrent les artistes contemporains de ces films : les photographes Weegee ou, plus tardivement, Diane Arbus ; les peintres George Bellows, John Sloan, Reginald Marsh, ou Edward Hopper et ses intérieurs à la solitude poignante.

La fascination du peintre Edward Hopper pour les atmosphères obscures visible dans sa gravure *Ombres nocturnes,* ainsi que ses effets de contre-plongée, sont proches des impressions que donnent les meilleurs films noirs comme *Les Passagers de la nuit* (en haut à gauche), *La Cité sans voiles* (ci-dessus) ou *La Soif du mal* (ci-contre). Là encore, cette représentation de la ville doit beaucoup à l'héritage expressionniste qui la montrait soit comme la cité du futur, géométrique et abstraite, fruit de la technologie où l'homme grouille, anonyme, parmi les gratte-ciels (*Metropolis*), soit comme le lieu où les instincts se libèrent et les passions criminelles se déchaînent, la Sodome moderne.

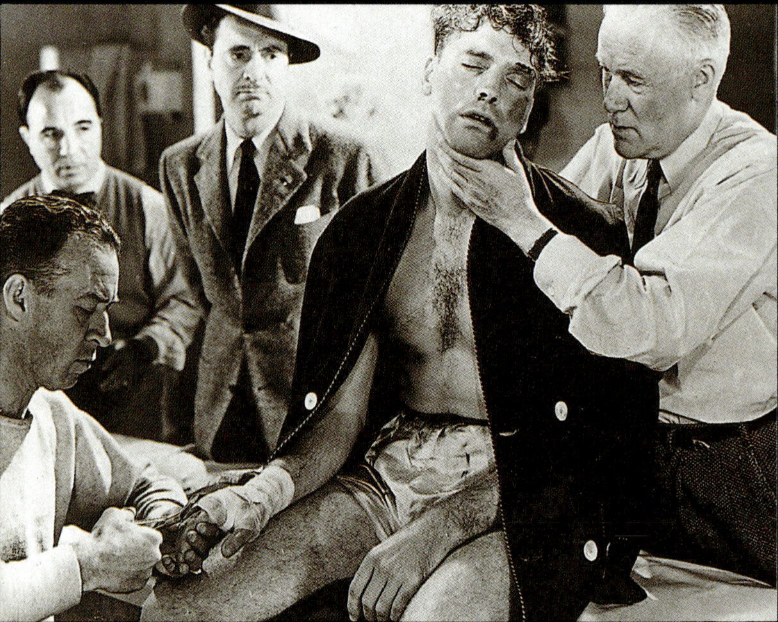

Un artiste comme George Bellows, de «l'école de la poubelle», exprime l'excitation et le dynamisme de la métropole moderne dans *Stag at Sharkeys* (en haut à gauche). Au début du siècle, il annonce par son réalisme les films criminels où le ring joue un rôle majeur : *Les Tueurs* (page de gauche en bas avec Burt Lancaster), *Nous avons gagné ce soir* (ci-contre avec Robert Ryan) et *Le Champion* (ci-dessous avec Kirk Douglas). La foule sadique, les paris truqués, l'ascension et la chute du boxeur caractérisent ces films, réalisés entre 1946 et 1949.

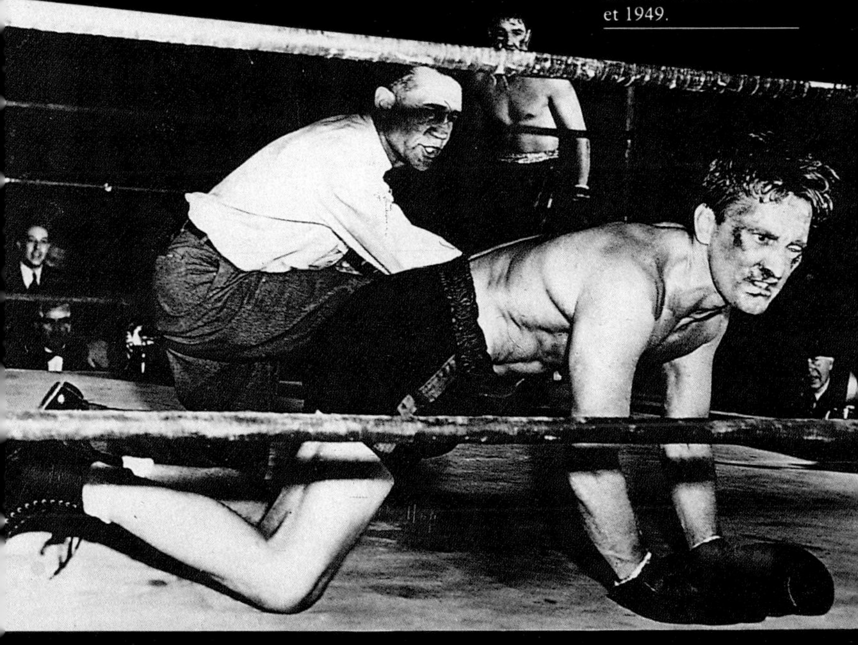

Le film criminel jouit certes de l'opposition entre la ville et la campagne, mais la quiétude des champs et des cours d'eau et la sérénité des villages sont rapidement contaminées lorsqu'un envoyé de la ville vient à la recherche d'un ancien citadin qui s'est mis au vert. Au début des *Tueurs*, c'est à Brentwood où il s'est réfugié que le «Suédois» se fait exécuter; et c'est à Bridgeport, au cœur des montagnes de Californie, que Jeff Bailey, dans *La Griffe du passé*, voit sa retraite bucolique interrompue par l'arrivée d'un truand. Lorsque la campagne sert à la fuite de jeunes couples (*Les Amants de la nuit*, 1947, de Nicholas Ray; *Le Démon des armes*, 1950, de Joseph Lewis), elle devient à son tour une prison, une extension de la ville et de ses maléfices.

Weegee, photo-reporter de la violence urbaine (ci-dessous sa photo «Cadavre avec révolver») publie en 1945 *Naked City*, un livre qui influença jusque par son titre *La Cité sans voiles (Naked City)*. Premier photographe de presse à posséder un appareil radio de la police, il est ainsi très vite sur les lieux du crime. Avec ses hommes mortellement blessés gisant dans des flaques d'eau, son asphalte éclairé par des flashes de magnésium, il est proche par exemple d'un film comme *Les Bas-fonds de New-York* de Samuel Fuller (ci-dessus avec Dolores Dorn), dont le style convulsif semble lui faire écho.

## La femme est le passé de l'homme

La femme dans le film noir est associée à la ville. Si l'ambition sociale de l'homme s'épanouit dans la cité, son désir sexuel rencontre la séductrice, fantasme misogyne où le mâle projette ses peurs et ses instincts agressifs. C'est pourtant l'homme qui est au centre du récit criminel – détective, policier ou gangster –, la femme n'existant qu'en marge, alors que dans le mélodrame (surnommé à juste titre le «Woman's Picture») c'est elle qui, victime souffrante, domine la fiction. L'homme est faible et la femme peut se révéler forte, résistante et prête à tout. Il y a, bien sûr, les femmes au foyer, épouses fidèles, conformes au modèle dominant d'une société patriarcale. Mais il y a surtout les prédatrices, ces mantes religieuses qui attirent irrésistiblement l'homme car, dans l'univers du film noir, l'expression de la sexualité est incompatible avec l'institution du mariage. Là encore, les titres de films s'alignent pour signifier le rôle majeur joué par la femme : *Un si doux visage, Adieu ma belle, La Dame du lac, Gilda,*

Gangster au début des années trente, puis policier et détective, Edward G. Robinson incarne en 1944 dans *La Femme au portrait* (avec Joan Bennett ci-dessus) un Américain moyen, criminologiste, tombé amoureux d'un portrait de femme. Comme tant de personnages du film noir, il est balotté par les événements, trompé par l'objet de sa passion et incapable de comprendre ses pulsions.

*Laura, Mildred Pierce, Vicki, La Femme au portrait, La Dame de Shanghai.*

Toute une tradition judéo-chrétienne exerce ici son influence, qui remonte au symbolisme décadent, au romantisme noir, au thème de la belle Dame sans Merci et, plus essentiellement encore, à la Bible, où Salomé et Dalila dansent avec leurs sept voiles et manient le couteau pour mieux castrer le mâle en lui coupant la tête ou les cheveux.

Entraîneuse de bar, chanteuse de night-clubs, maîtresse richement entretenue ou tout simplement épouse ambitieuse et atteinte de spleen, elle vit dans l'excès et s'habille loin des normes de la modestie, en soulignant son allure garçonne ou en accentuant sa féminité. Elle représente le mythe éternel de la femme, menace pour l'homme et agent de destruction. Elle incarne la mort. Le film noir célèbre la femme dans tout l'éclat de sa beauté, images idéalisées qui expriment la haine de l'homme contre cette incarnation d'une sexualité insatiable. Le héros répond aux premières avances et sa vie devient un cauchemar. Qu'elle soit une force positive ou

Le mythe de Rita Hayworth éclate dans *La Dame de Shanghai* (1947) qu'Orson Welles, dont elle est en train de divorcer, dirige pour la Columbia. Personnage d'abord mystérieux, Elsa Bannister révèle sa duplicité dans le Luna Park de Chinatown et meurt symboliquement parmi les miroirs brisés.

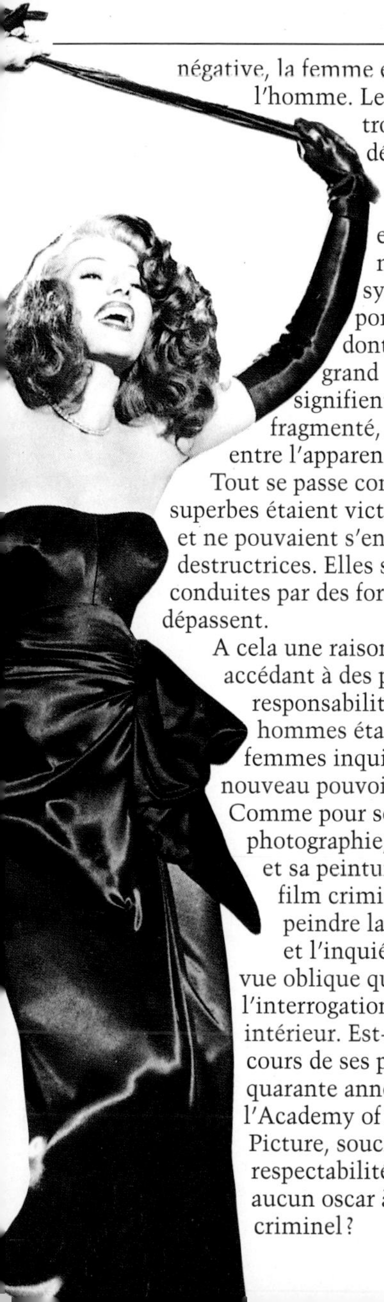

négative, la femme est le passé de l'homme. Les apparences trompeuses, le dédoublement de la personnalité (ange ou démon ?), et le jeu du mensonge sont symbolisés par les portraits et les miroirs dont le film noir fait grand usage et qui signifient un monde fragmenté, oscillant sans cesse entre l'apparence et la réalité.

Tout se passe comme si ces femmes superbes étaient victimes de leur beauté et ne pouvaient s'en servir qu'à des fins destructrices. Elles semblent parfois conduites par des forces qui les dépassent.

A cela une raison historique : accédant à des postes de responsabilité pendant que les hommes étaient à la guerre, les femmes inquiétèrent avec leur nouveau pouvoir économique. Comme pour son style de photographie, son mode de récit et sa peinture de la société, le film criminel choisit pour peindre la femme le malaise et l'inquiétude, le point de vue oblique qui dérange, l'interrogation, le tremblement intérieur. Est-ce pour cela qu'au cours de ses premières quarante années d'existence, l'Academy of Motion Picture, soucieuse de respectabilité, ne donna aucun oscar à un film criminel ?

La bombe atomique expérimentée à Bikini était décorée du portrait de Rita Hayworth et arborait le nom de son personnage, Gilda, référence au film noir homonyme de Charles Vidor, où elle était une héroïne chez qui se mêlaient innocence et culpabilité. Elle y chantait «Put the Blame on Mame» en enlevant de longs gants noirs. Aucune ambiguïté en revanche pour le personnage de Barbara Stanwyck dans *Assurance sur la mort*. En changeant le nom de l'héroïne du roman de James Cain de Nirdlinger en Dietrichson et en affublant sa comédienne d'une perruque blonde (ci-dessous), Billy Wilder soulignait l'origine de ces femmes fatales : Marlène Dietrich en Lola-Lola asservissant le professeur Unrat dans *L'Ange bleu*.

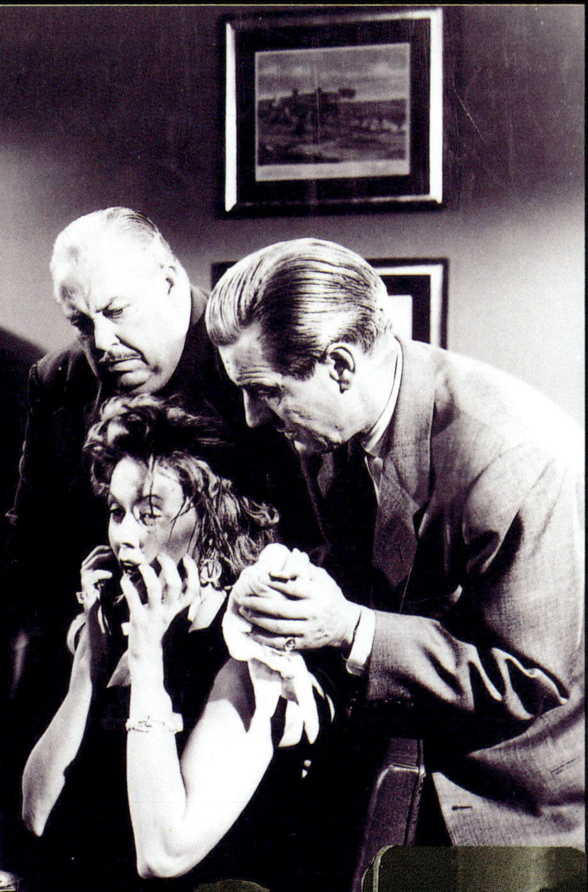

Dans *Règlements de compte* (1953), un truand (Lee Marvin) ébouillante sa maîtresse (Gloria Grahame) avec du café parce qu'elle a parlé brièvement avec un policier (ci-contre). Dans *Désirs humains* (1954), un mari vieillissant (Broderick Crawford), animé d'une jalousie obsessionnelle, brutalise son épouse plus jeune (Gloria Grahame). Fritz Lang livre là d'autres images fortes de la violence à l'égard des femmes, caractéristique du film criminel, inaugurée par William Wellman dans *L'Ennemi public*. Mais chez Lang la violence n'est jamais complaisante, elle illustre toujours un point de vue moral. *Règlements de compte* aboutit à un constat pessimiste sur la corruption généralisée d'une petite ville américaine. *Désirs humains*, remake de *La Bête humaine* de Renoir, montre aussi que le film de passion criminelle est issu du naturalisme tragique de Zola.

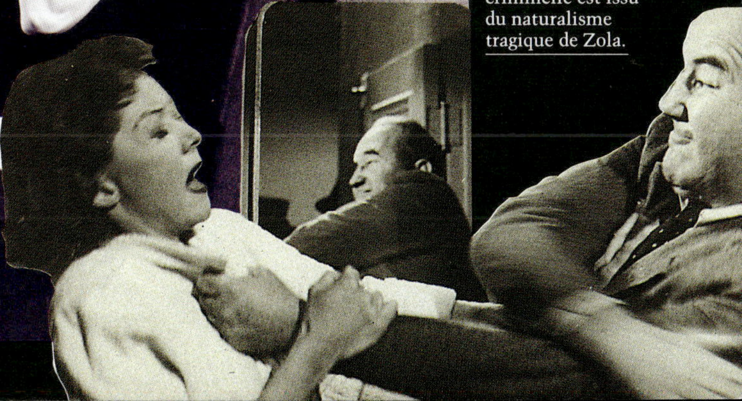

## Hitchcock : le suspense comme mise en scène

Hitchcock ne reçut pas davantage d'oscar du meilleur metteur en scène. Et son nom n'apparaît guère plus en évidence dans les études consacrées au film criminel, comme si son œuvre s'était constituée à part, marquée d'un sceau si personnel qu'elle s'intègre difficilement à un genre. Ou plutôt comme si elle avait créé un genre, celui du film de suspense.

Plus qu'aucun autre cinéaste, Hitchcock entretient un rapport étroit avec le spectateur qu'il entend transformer en un voyeur avide de suspense. De ce point de vue, son film le plus exemplaire est *Fenêtre sur cour* (1954), où le public s'identifie à James Stewart, prisonnier d'une chaise roulante, qui observe l'immeuble d'en face avec des jumelles.

Le réalisateur entend en fait renvoyer le public au stade enfantin, le replonger dans un état de frayeur devant le monde. Hitchcock a toujours avoué son désintérêt pour l'enquête, dépourvue de toute émotion, alors que l'émotion et le frisson sont les ingrédients essentiels du suspense. Si le film de détective se réfère au premier meurtrier, Caïn, dont le détective suprême, Dieu, découvre le crime, le suspense est placé, lui, sous le signe d'un autre épisode biblique, celui de l'épée de Damoclès.

Il y a rarement un privé, et encore moins un gangster ou un policier («Il ne faut pas aller à la police parce que c'est emmerdant» disait le cinéaste) au centre des récits d'Hitchcock. Lorsqu'un détective apparaît dans *Le crime était presque parfait* ou dans *Psychose* par exemple, c'est un personnage secondaire, *Sueurs froides* étant une exception. Ses héros sont des Américains moyens confrontés à des situations

S'il est des réalisateurs aussi considérables qu'Hitchcok, tels Hawks, Walsh, Lang, Losey, Preminger ou Wilder, il est vrai que certains de leurs films s'insèrent aisément dans un courant cinématographique, le film noir par exemple, alors que le metteur en scène des *Oiseaux* semble irréductible à tout courant. L'homme qui disait «un film n'est pas une tranche de vie mais une tranche de gâteau» a toujours placé son œuvre sous le signe du dépaysement, voire du divertissement. C'est en effet l'humour avec lequel il observe ses personnages, prisonniers de pièges inventés par lui, qui le distingue des auteurs de films criminels originaires d'Europe centrale.

Dans *Fenêtre sur cour* (ci-dessus, avec James Stewart et Grace Kelly) un reporter-photographe immobilisé par une jambe cassée partage le frisson et les peurs d'un metteur en scène et d'un spectateur.

exceptionnelles. Le quotidien chez lui voit soudain l'irruption d'un événement brutal. S'il aime les périodes de vacances et les lieux ordinaires, c'est précisément parce que l'anormal y est le moins attendu.

Hitchcock n'en est pas pour autant un adepte de la surprise. Il a souvent souligné que le suspense s'y oppose, dans la mesure où il suppose que le spectateur connaisse à l'avance les éléments du drame et les données de la situation ; car toute l'excitation vient de l'attente de ce qui doit arriver.

Le cinéaste déroute d'autant les spectateurs qu'il subvertit les conventions du genre. Un homme traqué ne se retrouve plus acculé dans un carrefour

*La Mort aux trousses* (ci-dessous) illustre un thème cher à Hitchcok : un homme ordinaire et innocent prisonnier d'une situation qu'il ne comprend pas. Course poursuite à travers les Etats-Unis, de la gare de Chicago au mont Rushmore, parmi les bustes géants des présidents américains, le film est aussi un divertissement. D'où le choix de Cary Grant, un des grands interprètes de la comédie américaine, pour incarner son protagoniste.

la nuit, mais en plein soleil dans un champ du Middle West, comme Cary Grant dans *La Mort aux trousses*.

Se distinguant encore des auteurs du film noir, Hitchcock accorde une grande place à la famille. Cinéaste d'origine britannique, il perpétue en cela une tradition romanesque propre à son pays d'origine. Le cinéma d'Hitchcock fait en effet rarement l'économie d'un rapport œdipien ou conjugal. A sa manière, il poursuit le discours moral

du film noir. Mais sa réflexion éthique se double d'une enquête psychologique. Nombreux sont ses films qui offrent le portrait de psychopathes qu'un traumatisme passé poursuit jusque dans leur vie présente (*Les Amants du Capricorne, Sueurs froides, Pas de printemps pour Marnie*). Il est vrai que le discours freudien d'autres films peut paraître parfois lourd (l'explication psychanalytique à la fin de *Psychose, La Maison du docteur Edwardes*).

Tout se passe comme si Hitchcock battait toutes les cartes du film criminel pour les redistribuer en une donne personnelle. Stylistiquement et thématiquement, on retrouve dans son œuvre bien des traits présents ailleurs. *L'Ombre d'un doute,* réalisée en 1942, anticipe sur les films tournés en décors naturels par sa peinture réaliste de Santa Rosa, petite ville de Californie. La voix off de *Rebecca* (1940) précède celle du film noir. *La Loi du silence,* (1953) avec ses contre-plongées et ses ombres menaçantes, prolonge l'influence expressionniste.

Le choix de ses comédiennes indique assez la fascination qu'éprouvait Hitchcock pour les femmes blondes dont l'apparente froideur cachait pour lui des mystères ou des perversités. Après Ingrid Bergman et Grace Kelly, il tourne avec Kim Novak *Sueurs froides* (en haut à droite, avec James Stewart), tragédie de l'amour fou, et avec Tippi Hedren *Les Oiseaux* et *Pas de printemps pour Marnie* (ci-dessus), enquête psychanalytique sur une cleptomane.

Enfin, *Sueurs froides* (1958) est une ultime et sublime expression romantique du thème de la femme fatale, lié à la mort.

L'objet, si important dans le film criminel, prend chez Hitchcock une valeur symbolique, comme il sied à cet ancien élève des Jésuites : les cymbales de *L'Homme qui en savait trop,* le collier de *Sueurs froides,* le verre de lait de *Soupçons,* le briquet de *L'Inconnu du Nord-Express.* Mais la gravité qui domine en général le film criminel est chez lui toujours teintée d'humour.

Dernier trait qui distingue Hitchcock de ses confrères : son goût pour la couleur, parfois volontairement artificielle, qu'il affiche dès *La Corde,* en 1948. Le noir et blanc, si caractéristique du film criminel, n'apparaît plus dans l'œuvre de Hitchcock après 1950 que dans *La Loi du silence* (1953), *Le Faux Coupable* (1957) et *Psychose* (1960). Dans ses autres films, les prestiges du technicolor président.

Production à petit budget, *Psychose* est sans doute le plus expérimental des films d'Alfred Hitchcock. Interprété par Anthony Perkins (ci-contre) et Janet Leigh, autre blonde hitchcockienne, il marque la rencontre du film criminel et du film d'horreur sous une douche de motel.

Longue à se manifester dans le film criminel, la couleur y apparaît au milieu des années soixante. Elle fait irruption et se généralise au moment précis où le genre connaît un regain de faveur. C'est en effet à partir de 1967 et après une période de déclin que gangsters, policiers et détectives reviennent au premier plan sur les écrans américains pour ne plus les quitter depuis lors.

CHAPITRE V

# CRIMES EN COULEUR

John Boorman révolutionna le film de gangsters américain. *Le Point de non-retour* (1967) est un portrait entre rêve et réalité d'un pays dominé par le crime organisé (à gauche, Lee Marvin face à Michael Strong).

Le conflit du Viêt-nam, l'affaire du Watergate, l'insécurité urbaine, les émeutes des ghettos noirs, les mouvements gay et féministe nourrissent depuis un quart de siècle un flot de films où s'expriment la peur, voire la paranoïa d'une société aux abois.

**L' abandon du noir et blanc**

Le noir et blanc exprimait parfaitement le conflit entre le mal et le bien ; l'apparition de la couleur correspond à cette période pleine d'incertitudes. L'abandon du noir et blanc – porteur d'un certain réalisme – coïncide également avec l'apparition d'un

cinéma où l'on ne cherche plus à créer l'illusion du réel. «L'irréalité» de la couleur accompagne donc l'évolution d'un genre qui ne se veut plus «miroir de la vie», mais établit un rapport critique avec son propre passé et joue avec les stéréotypes en associant les spectateurs.

Ce nouveau cinéma permet aussi au metteur en scène d'affirmer plus souvent sa personnalité. Influencé par l'apparition de nombreux auteurs, portés par les nouvelles vagues en France comme ailleurs au début des années soixante, Hollywood sacrifie lui aussi à la notion d'auteur de film. Depuis trente ans, Coppola, Scorsese, Penn, Altman, Malick, Joel Coen, Lynch, Boorman et bien d'autres s'exercent à des figures très libres par rapport aux figures imposées de leurs prédécesseurs. Rares sont les grands

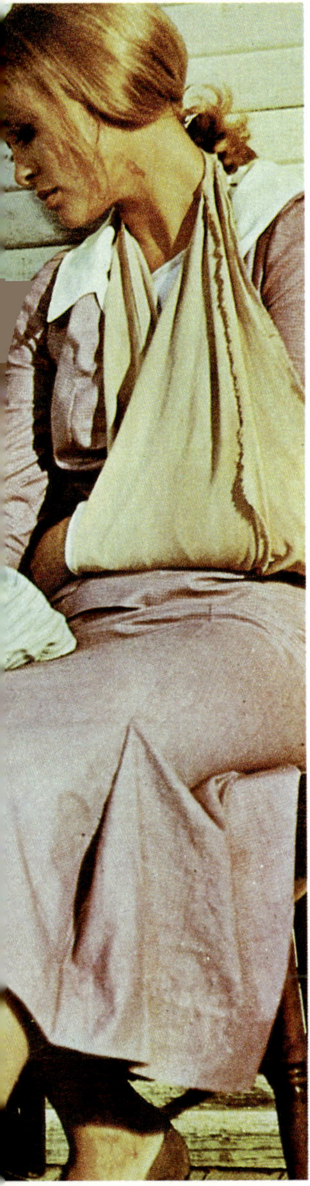

réalisateurs américains contemporains qui n'ont pas illustré le genre du film noir alors que le western ou la comédie musicale disparaissent plus ou moins de l'horizon hollywoodien.

## Violence et parodie de violence

Plus que tout autre film américain, *Bonnie et Clyde* (1967) d'Arthur Penn sembla signifier l'apparition d'un nouveau type de cinéma. Le spectateur est amené à prendre conscience du rapport entre l'histoire racontée et la manière dont elle est racontée. Des photos du générique au ralenti de la fin, toute la mise en scène vise à briser l'effet de réalité et la narration continue chers au cinéma hollywoodien. L'alternance entre le mode comique et le mode dramatique interdit en outre tout point de vue moral.

La violence de ce film controversé provoquant le rire et l'horreur et son caractère esthétisant devaient influencer durablement le cinéma. On retrouve de nombreuses variations sur le thème du couple

Film atypique, inclassable, *De Sang froid* (1967) de Richard Brooks (à gauche avec Robert Blake et Scott Wilson) traduit à l'écran la vaste enquête socio-psychologique de Truman Capote sur un meurtre gratuit commis par deux jeunes garçons. Refusant les stars, tournant sur les routes et en noir et blanc, Brooks se démarque de la nouvelle sophistication. Celle-ci s'incarne dans *Bonnie et Clyde,* également réalisé en 1967, qui évoque deux voleurs de banques des années trente (Warren Beatty et Faye Dunaway avec leur modèle historique, à gauche et ci-dessus).

criminel en fuite sur fond d'errance rurale : *Nous sommes tous des voleurs* (1974) de Robert Altman, *La Balade sauvage* (1974) de Terence Malick, et plus tard *Sailor et Lula* (1990), où David Lynch opère un maximum de distorsion par rapport au genre. La violence y est traitée dans un style parodique proche du grotesque. Le public fait partie intégrante du récit, avec lequel il entretient des rapports ambigus.

*Bonnie et Clyde* a donné naissance à un autre filon, celui des biographies de gangsters,

Sailor et Lula (à gauche, Nicolas Cage et Laura Dern) sont les derniers avatars des amants criminels en fuite. Mais ceux qui les poursuivent font du couple une représentation de l'innocence menacée par les forces du mal. Le film de gangsters rejoint ici la tradition gothique, bien dans le style de David Lynch.

toutes situées dans le passé. Des couleurs souvent crues, un dédain affiché pour la vérité historique et un goût marqué du pathologique caractérisent ces films. Cette tendance est évidente dans deux films de Roger Corman, *L'Affaire Al Capone* (1967) et *Bloody Mama* (1970) ou dans *Pas d'orchidées pour Miss Blandish* (1971) de Robert Aldrich. De son côté, John Milius retrace la carrière d'un hors-la-loi célèbre des années trente dans *Dillinger* (1973), et en 1983, Brian DePalma transpose dans le Miami contemporain l'intrigue du chef-d'œuvre d'Howard Hawks, *Scarface.*

Parmi les œuvres qui ont marqué le renouveau du film de gangsters, le second titre-clé est *Le Point de non-retour* de l'Anglais John Boorman, sorti la même année que *Bonnie*

Dans *La Balade sauvage* (ci-contre et ci-dessus, avec Martin Sheen), l'extrême raffinement de la photo et de la musique, la douce voix off de la narratrice et le cadre champêtre contrastent avec le caractère effrayant des exactions commises par un jeune couple meurtrier.

*et Clyde*, en 1967. Plus novatrice, l'œuvre de Boorman, avec ses surgissements de violence et son invention visuelle constante (chaque séquence est quasi monochrome), est un constat désespéré sur une société sans rapports humains, vouée au pouvoir et à l'argent. Walker, le héros, y apparaît comme une machine à tuer alors qu'il ne commet aucun meurtre. Il ne cesse de s'en prendre aux objets – un lit, un téléphone, une voiture, un téléscope – comme s'ils avaient pris possession de notre société et étaient l'exemple concret de sa réification.

Les années soixante-dix voient l'émergence des Italo-Américains – Scorsese, Coppola, DePalma, Cimino –, qui font du crime et de la violence leur spécialité. Scorsese s'impose avec *Mean Streets* (ci-dessous avec Harvey Keitel), chronique sur Little Italy à New York.

## Le genre se renouvelle sous l'œil de réalisateurs d'origine italienne

Non moins influents – sans parler de leur énorme succès public – *Le Parrain* (1972) et *Le Parrain II* (1974) de Francis Coppola possèdent une véritable durée romanesque et retracent sur près d'un siècle l'histoire d'une famille de gangsters, les Corleone. Conscient des stéréotypes du genre en cinéphile averti qu'il est, Coppola n'en réussit pas moins une œuvre singulière de style opératique et épique, qui montre d'abord les liens entre la famille et le système social, puis la lente détérioration de l'une par les mécanismes de l'autre. Avec les deux *Parrain*, le

Dans *Mean Streets*, le crime imprègne tant la communauté urbaine qu'on ne peut le distinguer de la vie quotidienne. Les personnages ne se considèrent pas comme des délinquants, mais comme de jeunes adolescents défendant leur territoire, buvant, faisant du trafic et courant les filles.

second plus lucide, plus profond et proche d'une marche funèbre, Coppola offre la radiographie la plus complète d'une cellule familiale, cellule cancéreuse qui renvoie aux valeurs perverties de toute une nation.

Il faut attendre *Il était une fois en Amérique* de Sergio Leone (1984), pour voir un film d'une ampleur comparable. Entièrement nourri de références cinématographiques mais néanmoins profondément original, *Il était une fois en Amérique* fuit toute reconstitution réaliste. Il s'agit d'un rêve cinématographique, d'une Amérique imaginaire n'ayant de comptes à rendre qu'à une tradition artistique.

*Mean Streets* (1973) marque l'avènement de Martin Scorsese qui retrace là ses expériences d'adolescent dans le quartier new-yorkais de Little Italy. Deux personnages s'y opposent, qui plus tard n'en feront qu'un pour incarner le héros scorsésien masochiste et brutal à la recherche d'une rédemption. Ce héros trouve une de ses formes les plus accomplies dans *Taxi Driver* (1975) qui, sans obéir aux codes du genre, se rattache néanmoins au film criminel. Quinze ans plus tard, en 1990, *Les Affranchis*, toujours avec DeNiro, témoignent de la pérennité de cette inspiration.

C'est un Italien de pure souche cette fois, Sergio Leone, qui revisite dans *Il était une fois en Amérique* (ci-dessous) les années trente avec les souvenirs de son héros (Robert DeNiro à gauche), un homme de soixante ans qui revient à New York et se remémore l'époque de la prohibition et l'acte de délation qu'il avait commis. Comme dans ses westerns, Leone joue avec les mythes et donne à son film de près de quatre heures le souffle lyrique d'un opéra et la dimension d'un songe.

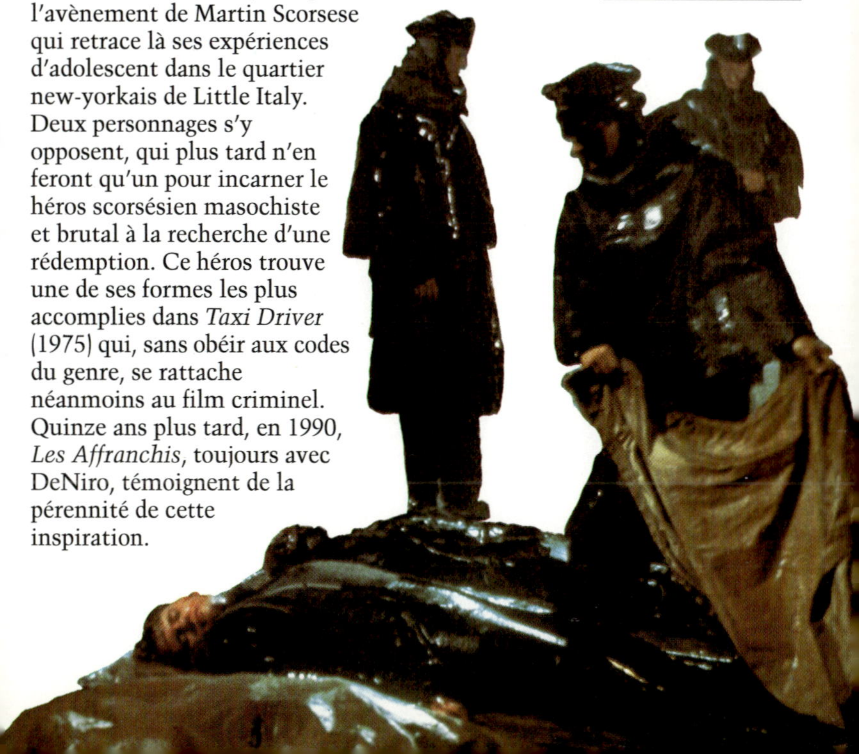

**Le prince du crime**

Le plus populaire des films de gangsters et l'un des plus grands succès de l'histoire du cinéma – est certainement *Le Parrain* (1972) et sa suite, de Francis Ford Coppola. Au centre de la première partie, le Don (Marlon Brando ci-contre et ci-dessous), vieil homme qui domine sa progéniture et gouverne selon les valeurs archaïques de ses origines siciliennes. Le mot « mafia » n'est prononcé qu'une fois, le monde extérieur n'existe pas, l'action se passe dans des pièces sombres et le décor ne s'élargit et ne s'éclaircit que pour les grandes fêtes familiales. Le monde du crime est traité par Coppola comme la Renaissance à l'époque des Médicis et Brando joue son rôle en patriarche à l'automne de sa vie.

**Opéra-mafia**

La première partie du *Parrain* pouvait être interprétée comme une semi-apologie du syndicat du crime. Mais la seconde partie (1974) montre sans complaisance les ramifications politiques de la mafia et ses liens avec le monde des affaires. Dans un savant montage alterné, le film retrace l'histoire des Corleone, en amont (Robert DeNiro, ci-dessus, incarne le jeune Don parti de Sicile) et en aval (Michael- Al Pacino, ci-contre, qui succède à son père). Mais le chef de gang s'isole progressivement pour finir dans une solitude irrémédiable. Quinze ans plus tard, *Le Parrain III* (1990), dévoile les rapports de l'organisation criminelle avec le Vatican. Juxtaposant une représentation de *Cavalleria Rusticana* et une tuerie sanglante, Coppola souligne le caractère opératique de son immense fresque.

La même année, Coppola propose une troisième partie à son *Parrain*, où il poursuit l'étude de la famille de Michael Corleone, devenu philantrope.

Toujours en 1990, c'est sans doute *Miller's Crossing* qui prouve le mieux la capacité du film de gangsters à se renouveler. Situé dans les années trente, le film de Joel Coen met en scène un gangster (Gabriel Byrne) proche des personnages de Hammett, individu isolé, laconique, balotté entre des forces contraires. Comme tous les films criminels contemporains importants, *Miller's Crossing* est référentiel, compte sur l'acquis culturel du spectateur mais ne sombre jamais dans le pastiche, créant au contraire du neuf avec de l'ancien.

**Chinese MiGs, Hanoi**

## Les héros se durcissent, la violence se radicalise

En 1964, Don Siegel réalisait en couleurs un film de gangsters, *A bout portant*, remake des *Tueurs* de Siodmak. Produit pour la télévision, *A bout portant ne* sortit cependant qu'en salle à cause de son extrême violence. Le film anticipe sur les autres œuvres de Siegel, *Un shérif à New York* (1968), *Police sur la ville*

La guerre du Viêt-nam, l'insécurité dans les villes, les manifestations étudiantes et les révoltes des ghettos donnent naissance dans les années soixante-dix à une violence sur les écrans plus affichée que celle, feutrée et angoissante, des années quarante.

# U.S. Jets Clash; Rejects Johnson's Offer

(la même année) et surtout *L'Inspecteur Harry* (1971) qui ouvrent un cycle fécond de films sur la police.

Les années soixante-dix voient une floraison parallèle des deux genres, film policier et film de gangsters. La période qui commence en 1968 est en effet marquée par une augmentation considérable de la criminalité. Le chômage, la récession et l'afflux d'immigrants dans les grandes villes expliquent la nouvelle insécurité qui s'installe. Mais contrairement aux films des années trente, les films contemporains ne cherchent pas à expliquer les causes de cette criminalité, ils s'attachent presque exclusivement à en montrer les symptômes.

*Police sur la ville*, comme *Bullitt*, réalisé en 1968 par Peter Yates, présente des héros toujours proches de ceux des années quarante. Ce sont des officiers de police honnêtes, en conflit avec

*Les Guerriers de l'enfer* de Karel Reisz (1978, ci-dessus, avec Nick Nolte) illustre métaphoriquement l'infection de l'Amérique par le conflit vietnamien. Un ancien marine revenu du front et l'épouse d'un correspondant de guerre s'enfuient dans l'Ouest avec un chargement d'héroïne et sont poursuivis par un policier corrompu. Leur longue cavale dans le plus pur style «noir» s'achève en violence tragique. Nombreux sont les personnages de films criminels qui traînent les séquelles de leur expérience guerrière, tel l'ancien marine de *Justice sauvage* de Phil Karlson qui se fait élire shérif pour délivrer sa ville natale terrorisée par un gang.

leurs supérieurs. Leur démarche est encore humaniste, scrupuleuse. La même année, Siegel met en scène un autre film, *Un shérif à New York*, œuvre de transition – incarnée par l'acteur Clint Eastwood – entre le western et le film criminel. L'ancien homme de l'Ouest devient le flic moderne qui nettoie la ville. Mais c'est avec *L'Inspecteur Harry* (1971) que les traits se durcissent : Harry Callahan est un policier célibataire qui se heurte à l'incompréhension de ses chefs et décide dorénavant de contourner des institutions devenues inadéquates et faire la justice lui-même. Harry est un justicier moderne à la configuration christique qui réapparaîtra dans une série de films dirigés par Eastwood ou ses anciens assistants :

*Magnum Force* (1973), *L'inspecteur ne renonce jamais* (1976), *Le Retour de l'inspecteur Harry* (1983), *La Dernière Cible* (1988). Le cycle donnera naissance à d'autres œuvres qui évoquent un assainissement sinon une régénération par la violence : *Justice sauvage* (1973) de Phil Karlson: *Un justicier dans la ville* (1974), *Un justicier dans*

*la ville II* (1982), *Le Justicier à New York* (1985), tous trois de Michael Winner; et *Le justicier braque les dealers* (1987) de J. Lee Thompson. Le traumatisme vietnamien se reflète dans nombre de personnages, flics ou délinquants, que leur expérience a rendu insensibles aux conséquences de la violence et qui sont devenus de véritables machines à tuer.

**La veine documentaire du nouveau film policier**

*French Connection* (1971), exact contemporain de *L'Inspecteur Harry*, introduit une veine plus réaliste, voire documentaire. William Friedkin relate un épisode authentique du trafic de drogue et tourne sur les lieux réels. Comme nombre de films depuis *Bullitt*, la poursuite en voiture devient un exercice imposé, spectaculaire le plus souvent, où les véhicules et leur survie semblent plus importants que les passagers et leur destin.

Le film sur la police est beaucoup moins moderniste que le film de gangsters ou de détectives. Il obéit davantage aux règles du cinéma classique, formellement et moralement. Lorsque l'inspecteur Harry Callahan (Clint Eastwood, ci-contre) arrête Scorpio, être malfaisant, monstrueux et ricanant, il constate que la justice le relâche car il est entré chez lui sans mandat d'arrêt. Harry devient alors un héros de western, le «vigilante» cher à la frontière qui portait les armes dans les terres vierges, là où la police et la justice n'étaient pas encore organisées. Scorpio et Callahan, images manichéennes du bien et du mal, sont des créations de l'imaginaire qui reflètent les pulsions de violence et d'anarchie d'une société menacée.

*Un après-midi de chien* (avec Al Pacino, ci-contre) reprend le thème du hold-up avec une nouvelle variante : c'est sous le regard d'une équipe de télévision que deux jeunes délinquants sans expérience ratent leur coup. Sidney Lumet s'est inspiré d'une histoire véridique pour filmer cette chronique qui commence en farce et s'achève en tragédie. Toutes les figures du genre s'y retrouvent en un mélange de tons insolite. Lumet n'est jamais aussi à l'aise que dans les rues de New York qu'il filme avec un sens aigu du détail réaliste.

Cette inhumanité se retrouve aussi dans l'utilisation de plus en plus fréquente du silencieux, arme qui accuse la froideur et l'anonymat du meurtre et contraste avec le crépitement des revolvers ou des mitraillettes au début du parlant. A l'instar de *French Connection* et de sa suite, *French Connection II* (1975) de John Frankenheimer, *Les flics ne dorment pas la nuit* (1972) de Richard Fleischer retracent la vie quotidienne des policiers en s'inspirant des expériences d'un ancien membre des forces urbaines de Los Angeles, Joseph Wanbaugh, qui sera aussi à l'origine de *Bande de flics* (1977) de Robert Aldrich.

Sidney Lumet, cinéaste new-yorkais qui a toujours refusé de tourner à Hollywood, réalise dans sa ville natale des films policiers encore plus scrupuleusement documentés et d'une problématique voisine. Dans *Serpico* (1973), Al Pacino incarne le héros homonyme qui se rebelle contre l'organisation policière au sein d'une mise en scène volontiers claustrophobique. Le même sentiment d'oppression se dégage d'une œuvre plus complexe de Lumet, *Le Prince de New York* (1981), et l'analyse des failles du système apparaît encore dans *Contre-enquête* (1989). Enfin, le talent de Lumet atteint son apogée dans *Un après-midi de chien* (1975), histoire d'un cambriolage raté en plein Brooklyn, qui se termine de façon dérisoire pour les deux truands entraînés dans un long processus de prise d'otages et de négociations avec la police.

Avec *Le Prince de New York* (Treat Williams, ci-contre), Lumet entreprend une œuvre polyphonique qui démonte avec précision les rouages d'une brigade des stupéfiants et les moyens qu'elle utilise pour obtenir des renseignements. Parallèlement, la corruption policière est mise à nu jusqu'au témoignage du héros qui, devant une commission d'enquête, finit par livrer tous ses camarades. *French Connection* (avec Gene Hackman, ci-dessous) recherche davantage l'émotion viscérale et offre une vision moins complexe du policier.

## Les minorités

La minorité noire s'exprime elle aussi à travers le film policier. En 1967, dans le film de Norman Jewison, *Dans la chaleur de la nuit,* Sidney Poitier incarne Virgil Tibbs, détective fédéral menant une enquête dans une petite ville du Sud. Il récidive

dans *Appelez-moi monsieur Tibbs* (1970) de Gordon Douglas. Ces films indiquent un rapprochement avec les Blancs, démontrent la possibilité d'un travail en commun. Enfin, les mouvements revendicatifs plus violents des décennies ultérieures aboutissent à l'extraordinaire succès du *Flic de Beverley Hills* (1984) de Martin Brest et de ses suites, où Eddy Murphy, par sa gouaille, son insolence envers ses supérieurs, et ses méthodes tout aussi indignes que celles de ses collègues blancs témoigne du chemin parcouru par la cause des Noirs. Tout se passe comme si l'égalité tant recherchée s'exprimait symboliquement dans le genre policier où s'exercent la liberté d'action et le contrôle de son destin.

La femme-flic apparaît, elle, dans *Blue Steel* (1989) de Kathryn Bigelow, servie par le physique androgyne de Jamee Lee Curtis. Enfin, dans *Le Silence des agneaux* (1991) de Jonathan Demme, Jodie Foster, agent du F.B.I., mène une enquête auprès d'un psychanalyste, tueur psychopathe prisonnier d'un quartier de haute surveillance. *Le Silence des agneaux* abolit la frontière entre le film policier et le film d'horreur. Il est à ce jour la pointe la plus extrême d'une tendance du cinéma

Jodie Foster introduit une nouvelle image de la femme qui culmine dans *Le Silence des agneaux* (ci-dessous). Son personnage, fille de policier et policier elle-même, doit s'imposer dans un monde masculin. Elle le fait sans artifice (son absence de maquillage est un trait distinctif), par le seul exercice du sang-froid et de la volonté. Face à Buffalo Bill, un dangereux criminel qui dépèce ses victimes et terrorise le pays, elle n'est jamais perçue comme objet sexuel et ne se définit que par ses actes.

De Sidney Poitier (*Dans la chaleur de la nuit,* en haut à gauche, avec Rod Steiger) à Eddie Murphy (*Le Flic de Beverley Hills,* ci-dessus), on mesure le chemin parcouru en vingt ans dans la représentation du Noir à l'écran. Le policier aimable, séduisant, poli a cédé le pas au flic arrogant, suffisant, qui revendique sa négritude. A l'harmonie raciale prônée par le premier, succède un conflit ouvert où le second, n'attendant rien de la justice des Blancs, prend en main son destin social. Malgré ses compromis, Poitier n'en reste pas moins l'un des Noirs les plus influents de son temps.

américain qui explore les cauchemars des Etats-Unis, pays de la paranoïa et des angoisses inextinguibles.

## La renaissance de la figure du privé

La saga du privé était à ce point liée au film noir que l'on pouvait croire que la généralisation de la couleur interdirait sa renaissance; or celle-ci s'est manifestée au moment même où le film de gangsters prenait un nouvel essor.

*Détective privé* (1966) de Jack Smight, dont le rôle principal est interprété par Paul Newman, est sans doute le film le plus significatif de cette vogue d'enquêtes labyrinthiques où la psycholgie se double

Le *Détective* (avec Frank Sinatra et Lee Remick, à gauche) et *Détective Privé* (avec Paul Newman et Lauren Bacall, ci-dessus), adapté de Ross MacDonald, évoquent avec nostalgie l'âge d'or du privé. Le spectateur se retrouve en terrain connu, même si le détective déambule désormais plus volontiers dans des paysages ensoleillés, en Floride, terre de vacanciers et de riches retraités, ou dans un Los Angeles rendu à ses couleurs exotiques Mais la même corruption règne, plus éclatante sans doute, car dissimulée derrière le luxe et la volupté.

d'une satire sociale et d'un romanesque discret. *Tony Rome est dangereux* (1967) de Gordon Douglas, interprété par Frank Sinatra, s'inscrit dans une lignée voisine, aussi tributaire de l'âge d'or du roman noir.

Fidèles à l'esprit d'une tradition qu'ils adaptent au nouveau cadre de vie américain, ces films ne peuvent cependant pas rivaliser avec les quelques œuvres marquantes qui apparaissent dans la première moitié des années soixante-dix, avant que le genre n'entre de nouveau en sommeil. De grands cinéastes, Altman, Pakula, Penn, Polanski et Coppola se livrent alors à des recherches modernistes comparables à celles qui se manifestent dans le film de gangsters à la même époque, qui fut sans nul doute à Hollywood la plus riche en nouveauté depuis longtemps.

## Modernisme et innovation

*Klute* (1971) d'Alan Pakula offre une première variante originale du film de privé, moderne par sa forme et ses thèmes : le rôle de la psychanalyse, l'atrophie des émotions, la technologie envahissante. *Le Privé* (1974) de Robert Altman propose un traitement résolument anti-conformiste du

personnage de Philip Marlowe. Il en fait un détective équivoque et paumé, qui finit par tuer son meilleur ami. L'utilisation des miroirs, le choix des décors insolites, les mouvements sinueux de la caméra, l'ironie pince-sans-rire, l'absurde même créent un détachement chez le spectateur, surpris par un tel détournement des conventions.

Sorti en plein scandale du Watergate, *Conversation secrète* (1974) de Francis Coppola met en scène un espion dont le sentiment de culpabilité est tel qu'il finit par s'interroger sur la moralité de sa profession et sur sa propre intégrité. Le film devient une métaphore du monde moderne dont le développement technique risque d'étouffer l'humanité.

Robert Altman a su faire un travail extrêmement original sur les codes des différents genres cinématographiques. Avec *Le Privé* (ci-dessous, Eliott Gould) adapté du roman de Chandler *Sur un air de navaja (The Long Goodbye)*, il a choqué de nombreux admirateurs de Philip Marlowe en faisant de lui un personnage douteux et manipulateur. Le style d'Altman – son utilisation fréquente du zoom, la distance qu'il établit avec les événements racontés, l'humour et le jeu «cool» d'Eliott Gould – créent l'inconfort et le malaise. Ce qui nous semble essentiel se révèle secondaire, tandis que des détails périphériques prennent une importance inattendue. *Le Privé* participe pleinement du renouveau des styles au début des années soixante-dix.

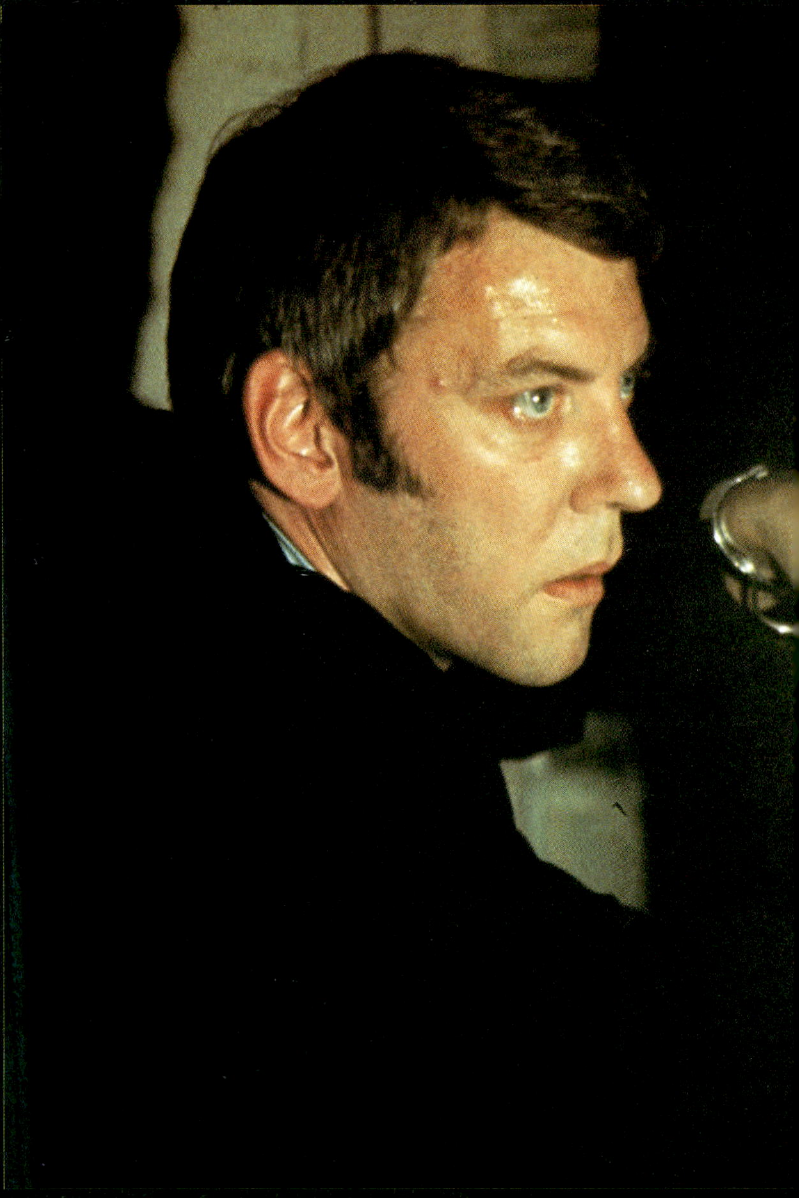

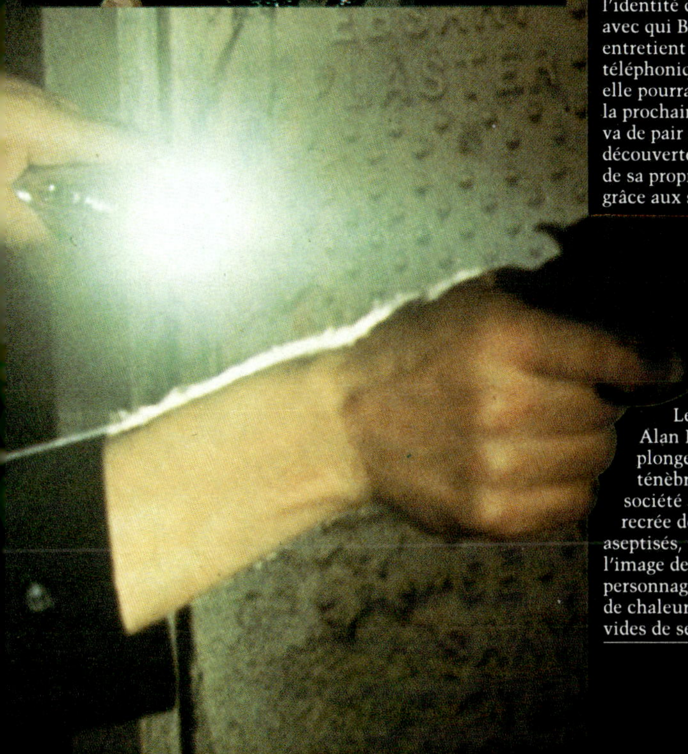

*Klute* (1971), un film clé, renouvelle le genre du privé et reflète bien son époque (ci-contre, avec Donald Sutherland et Jane Fonda). Le spectateur est partagé entre le rôle-titre, un détective puritain qui vient de la province et se trouve confronté à la corruption de New York, et Bree (Jane Fonda), une prostituée qui ne cesse de jouer un rôle pour se donner une cohérence intérieure. L'enquête de Klute pour découvrir l'identité d'un criminel avec qui Bree entretient des relations téléphoniques et dont elle pourrait bien être la prochaine victime va de pair avec la découverte par Bree de sa propre identité, grâce aux séances d'analyse qu'elle suit. Le réalisateur, Alan Pakula, nous plonge au cœur des ténèbres d'une société atomisée et recrée des décors aseptisés, froids, à l'image de ces personnages dépourvus de chaleur humaine, vides de sentiments.

Par comparaison, *Chinatown* (1974) de Roman Polanski semble très classique, sans verser pour autant dans le pastiche. Le ton sardonique du film correspond au pessimisme foncier de l'univers du privé, que l'on retrouve dans *La Fugue* (1975) d'Arthur Penn : un monde flottant, un personnage à la dérive, déboussolé, bien loin des enquêteurs rationnels de la tradition.

Comme si ces cinq films avaient épuisé les possibilités du genre, les œuvres suivantes ne semblent que de pâles remakes décoratifs, dépourvus d'invention et de vie, même si c'est un survivant de l'âge d'or, Robert Mitchum, qui interprète Philip Marlowe dans *Adieu ma jolie* (1975) de Dick Richards, ou *Le Grand Sommeil* (1978) de Michael Winner.

Enfin, Wim Wenders signe l'épitaphe du genre en faisant de Hammett

En situant l'action de *Chinatown* en 1937 à Los Angeles, Robert Towne (le scénariste) et Roman Polanski distinguent leur œuvre des autres grands films de détectives privés, qui se veulent tous contemporains. Ils inaugurent ainsi une vague rétro. *Chinatown* parle néanmoins de notre époque, avec sa corruption généralisée symbolisée par Noah Cross (interprété par John Huston, fondateur du genre), personnage maléfique dont la puissance contrôle la ville. J. J. Gittes (Jack Nicholson, ci-dessous), engagé par une femme pour filer son mari, est le descendant des héros de Chandler et de Hammett, mais, malgré son cynisme, il est plus naïf qu'eux.

lui-même le héros de son film homonyme (1982). Il revient pourtant à David Lynch de donner une version atypique de l'enquêteur dans *Blue Velvet* (1987), qui renverse l'image de la petite ville américaine, la terreur se cachant sous une surface harmonieuse, les insectes proliférant dans l'herbe verte. Lynch opère ainsi la jonction entre le film d'horreur et le film d'enquête et souligne la souplesse d'un genre pourtant très fortement codifié.

## La passion criminelle et le moralisme

Le film de passion criminelle connaît un regain de faveur au début des années quatre-vingt, peu après l'arrêt de la production de films de privé. Un remake d'un classique du genre, *Le facteur sonne toujours deux fois* (1980) réalisé par Bob Rafelson, signale ce nouvel intérêt. L'érotisme, suggéré jusqu'ici, devient beaucoup plus graphique et explicite. Le film est dépourvu du moralisme habituel qui accompagnait dans le passé la peinture

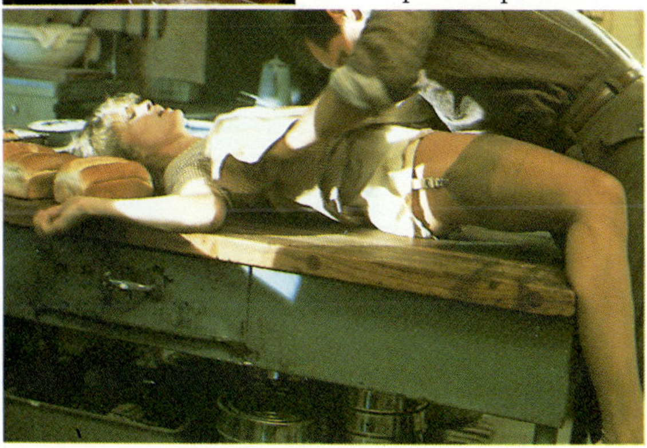

Comme le montrent les adaptations en France de Pierre Chenal (*Le Dernier Tournant*, 1939) et en Italie de Lucchino Visconti (*Ossessione*, 1942), *Le facteur sonne toujours deux fois* (1934) de James Cain fut un roman clé pour l'évolution du film d'aventure criminelle. Il prouve aussi les affinités du réalisme poétique et du néo-réalisme italien avec la tradition du film noir américain. Après Tay Garnett en 1946, c'est Bob Rafelson qui à son tour porte à l'écran en 1981 ce célèbre roman. La disparition du code de censure permet au réalisateur d'établir clairement le lien entre la pulsion sexuelle et le crime. La scène d'amour sur la table de la cuisine entre Jack Nicholson et Jessica Lange (ci-contre) illustre le rapport physique incandescent de deux êtres que leur passion illicite conduit au meurtre du mari. Le succès du film marque la renaissance d'un genre qui aboutit vers la fin des années quatre-vingt à *Liaison fatale*. La société américaine vit désormais dans la peur sexuelle face au développement du sida et prône la défense du couple.

des amours illicites. L'année suivante, Lawrence Kasdan décrit un rapport semblable dans *La Fièvre dans le corps* (1981) dont le titre original, *Body Heat,* révèle le caractère torride.

Le retour du moralisme se manifeste avec *Liaison fatale* (1987) d'Adrian Lyne dont l'extraordinaire succès coïncide avec la peur du sida. L'interprète, Glenn Close, joue également dans un film beaucoup plus ambitieux, *Le Mystère Von Bülow* (1990) de Barbet Schroeder. Inspiré par un fait divers récent, le scénario complexe de ce film permet au metteur en scène de retrouver la grâce des mises en scène froides et élégantes de Mankiewicz ou Preminger.

## Film noir et humour noir

Tous ces films noirs ne font que reconduire – parfois brillamment – les codes anciens en les adaptant à l'évolution des mœurs contemporaines.
Plus originale est la démarche de Leonard Kastle, compositeur de musique et auteur des *Tueurs de la lune de miel* (1970), filmé en noir et blanc avec un regard glacial et accompagné par la musique de Mahler. Tout aussi singulière est la création de Joel Coen, *Sang pour sang* (1984). Comme David Lynch, Joel Coen pourrait être qualifié de post-moderne ou de maniériste. Il crée un univers référentiel, irréaliste, où se mêlent l'humour noir et la caricature dans une atmosphère sombre et insolite.

Cette attirance pour l'excès, voire la folie sous-jacente, se manifeste aussi dans les adaptations de plus en plus nombreuses d'un des grands écrivains noirs de l'après-guerre, Jim Thompson, longtemps méconnu dans son propre pays. Ce sont *Les Arnaqueurs* (1990) de Stephen Frears qui restituent avec le plus de force l'univers de Thompson. Le film est une tragédie grecque filmée dans la Californie des déshérités sous le regard froid d'un auteur désabusé et sans espoir. Le pessimisme foncier du romancier est alors accordé à la sensibilité contemporaine.

Angie Dickinson (en bas à droite) incarne dans *Pulsions* une épouse frustrée qui confie ses fantasmes à son psychiatre (Michael Caine, ci-dessous, en perruque). Après s'être donnée à un inconnu, elle sera tuée à coups de rasoir par un meurtrier en perruque blonde. DePalma, cinéaste maniériste, exploite ici jusqu'à l'excès formel les figures stylistiques d'Hitchcock.

## Le thriller post-hitchcockien

L'œuvre de Brian DePalma est un des meilleurs exemples du cinéma post-moderne, fait d'allusions, de références, de citations. Comme Francis Coppola et Martin Scorsese, également italo-américains, Brian DePalma est un «movie-brat», un garnement élevé dans la vision des films. Son œuvre est une réflexion sur celle du maître Hitchcock. *Obsessions* (1976) ou *Body Double* (1984) se réfèrent explicitement à *Sueurs froides*. *Pulsions* (1980) fait également appel à ce film mais aussi à *Psychose* et aux *Trente-neuf Marches*. Les effets de montage, les mouvements de la caméra, la préciosité du style sont autant de formes

d'une rhétorique visuelle qui tend à exprimer un état psychique déréglé. Chez DePalma comme chez Hitchcock, le regard, le voyeurisme, donc la caméra, jouent un rôle essentiel.

Le thème de la confrontation, cher à Hitchcock, s'exprime à

Dans *Les Arnaqueurs* (1990), Angelica Huston (ci-dessus) est une mère qui trafique dans les paris mutuels, nourrit une passion incestueuse pour son fils et une jalousie violente pour la maîtresse de celui-ci. Jim Thompson, dont s'est inspiré pour ce film l'Anglais Stephen Frears, avait collaboré au scénario de *L'Ultime Razzia* de Kubrick. Mais l'intérêt américain pour l'écrivain s'est manifesté tard, après sa mort, avec le film de Frears et celui de Maggie Greenwald, *The Kiss-off* (1988).

# MILLER'S CROSSING

UN CADAVRE SOUS LE CHAPEAU

nouveau dans *Seul dans la nuit* (1967) de Terence Young ou dans *Les Chiens de paille* (1971) de Sam Peckinpah. Enfin, le remake par Michael Cimino de *La Maison des otages* (1955/1990) prouve la pérennité de ce genre de situation pour illustrer les tensions de la société. Un troisième thème proprement hitchcockien – celui de l'innocent poursuivi par erreur – est traité dans le thriller de Peter Weir, *Witness* (1985), où Harrisson Ford incarne

*Miller's Crossing* (ci-dessous, avec John Turturro) prouve la vitalité du genre criminel et la faculté qu'il a de se renouveler lorsqu'il est entre les mains d'artistes imaginatifs comme les frères Coen. La guerre des gangs au temps de la prohibition est traitée selon une esthétique de la surprise et du grotesque et mise au service d'une réflexion sur la manipulation et la solitude.

l'homme traqué jusqu'au cœur d'une nature édénique. Roman Polanski, qui n'a jamais caché son admiration pour Hitchcock, crée dans *Frantic* (1987) un climat de paranoïa où se reflète la peur de l'Amérique face aux menaces qui guettent ses citoyens lorsqu'ils s'aventurent à l'étranger.

## Les métamorphoses d'un genre

Avec la couleur, le cinéma criminel donne enfin naissance à une tendance plus légère où les films possèdent un rythme enlevé et un mouvement permanent. Cette veine attire les réalisateurs et le public depuis *L'Arnaque* (1973) de George Roy Hill jusqu'à *After Hours* (1986) de Scorsese.

Le genre criminel, à travers ses métamorphoses, manipule depuis près d'un siècle un certain nombre de constantes. Le film criminel américain peut côtoyer le film d'horreur, la science-fiction, la comédie, le film d'espionnage, il n'en garde pas moins son unité territoriale. Il témoigne ainsi qu'il est en prise directe avec l'histoire de son pays et que ses caractéristiques formelles s'accordent parfaitement avec l'art du cinéma américain, art du mouvement, de l'action et du suspense. Le jeu constant qu'il propose entre l'exception et la règle permet au spectateur d'éprouver le plaisir de la surprise et de satisfaire son besoin de rationalité.

La comédie n'a jamais été totalement absente du film criminel. Ainsi, chez Hitchcock, les sourires accompagnent souvent les frissons. Avec la couleur, utilisée par Hitchcock dans ses thrillers ou Donen dans ses pastiches du maître, comme *Charade* en 1963 ou *Arabesque* en 1966, le film criminel put se moquer beaucoup plus souvent de ses conventions et se pencher sur ses propres stéréotypes pour en faire la satire et produire un effet comique de distanciation. *L'Arnaque* (1973) fut le succès le plus spectaculaire de cette veine fantasque proche des romans de Donald Westlake, qui inspira *Les Quatre Malfrats* et écrivit *Flics et Voyous*. Ces films, truffés de gags et de peripéties cocasses, ont aujourd'hui, entre autres héritiers, deux réussites de Jonathan Demme: *Dangeureuse sous tous rapports* (ci-dessus, avec Melanie Griffith, 1986) et *Veuve mais pas trop* (1988). Les films noirs du dramaturge-réalisateur David Mamet, *Engrenages* et *Parrain d'un jour*, tout comme *After Hours* de Scorsese illustrent aussi cette veine de l'auto-réflexion propre au comique.

# TÉMOIGNAGES ET DOCUMENTS

Comme tous les genres cinématographiques hollywoodiens,
le film criminel est façonné par ses sources littéraires,
par l'influence des studios de production, la marque du réalisateur,
la personnalité du comédien et l'interaction
entre le mythe et l'histoire.

# Le Code de production

*Promulgué en 1930, appliqué réellement à partir de 1934, le code de production fut établi par Will Hays, président de l'Association américaine des producteurs et des distributeurs de films (M.P.P.D.A.), à la demande des producteurs. C'est un texte d'auto-réglementation que l'industrie du film s'imposa pour répondre aux critiques de plus en plus fortes contre la violence et la sexualité à l'écran. Le code visait surtout le film criminel. Il tomba en désuétude au milieu des années soixante.*

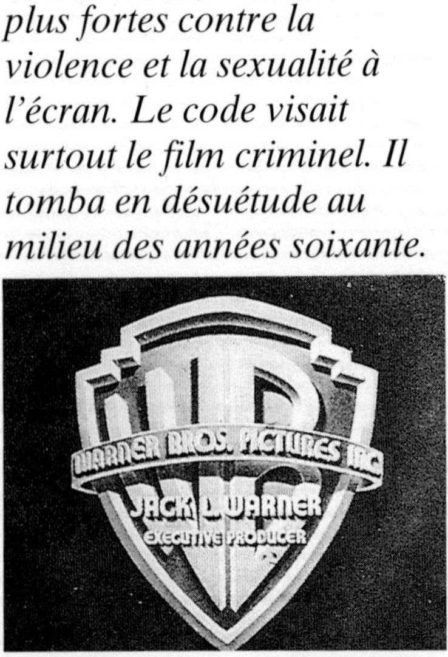

I would prohibit alcohol to be displayed in any picture, in order to spare the feelings of all good citizens

**Principes généraux**

1. On ne peut produire aucun film susceptible d'abaisser le niveau moral de ceux qui le voient. Par conséquent, on ne devra jamais faire pencher la sympathie du public vers le crime, les mauvaises actions, le mal ou le péché.

2. Des modes de vie décents, dépendant seulement des exigences de l'action dramatique et du divertissement, seront montrés au public.

3. La loi — divine, naturelle ou humaine — ne devra pas être ridiculisée, pas plus que l'on ne suscitera de sympathie pour sa violation.

**Applications particulières**

**1. Le crime**

1. Le crime ne sera jamais montré de manière à provoquer la sympathie pour le crime par opposition à la loi et à la justice, ou à inspirer à autrui le désir de l'imiter.

2. Aucune méthode criminelle ne sera explicitement montrée ou détaillée de façon à glorifier le crime ou à inspirer son imitation.

3. Toute action montrant la suppression de la vie humaine doit être réduite au minimum. Sa représentation fréquente tend à réduire la considération

pour le caractère sacré de la vie.

4. Le suicide, envisagé comme solution de problèmes apparaissant dans le développement de l'action, doit être rejeté à moins qu'il ne soit absolument indispensable à la poursuite de l'intrigue, et ne sera jamais justifié ou glorifié, ni utilisé spécifiquement pour faire obstacle aux objectifs de la justice.

5. L'exhibition excessive d'armes par des criminels n'est pas autorisée.

6. Il n'y aura pas de scènes où des agents chargés de l'application de la loi sont tués par des criminels, sauf si de

I would never permit couples to marry again before getting their divorces

telles scènes sont indispensables au déroulement de l'intrigue.

7. Des films traitant d'activités criminelles impliquant la participation de mineurs, ou auxquelles des mineurs sont liés, ne seront pas acceptés s'ils risquent d'inciter les jeunes à une imitation corruptrice.

I would permit only stunts like that shown above

8. Le meurtre :

a) Les techniques meurtrières ne doivent pas être exposées de façon susceptible d'entraîner leur imitation.

b) Les meurtres violents ne doivent pas être montrés dans le détail.

c) La vengeance dans un contexte moderne ne sera pas acceptée.

d) Tuer par compassion ne doit jamais apparaître comme un acte juste ou acceptable.

9. La consommation de drogue ou le trafic illicite de drogues créant un état de dépendance ne pourront être montrés si la scène :

a) tend d'une manière ou d'une autre à encourager, stimuler ou justifier l'usage de telles drogues; ou

b) souligne, visuellement ou verbalement, les attraits passagers qu'elles peuvent exercer; ou

c) suggère que la dépendance à l'égard de la drogue peut être rapidement ou facilement rompue; ou

d) montre en détail comment se procurer de la drogue ou comment la consommer; ou

e) met l'accent sur l'argent que rapporte la drogue; ou

f) introduit des enfants qui consomment ou vendent de la drogue en connaissance de cause.

10. Les sujets traitant du kidnapping ou de l'enlèvement illégal d'enfants ne sont acceptables aux termes du Code que 1) lorsque le sujet est traité avec retenue

et discrétion, évitant les détails, les effets macabres ou l'horreur inutile, et 2) si l'enfant est restitué sain et sauf.

**2. La brutalité**

Les actes de cruauté et de brutalité excessifs et inhumains ne peuvent être montrés. Cela comprend toute représentation détaillée et prolongée de violence physique, torture et mauvais traitements.

**3. Le sexe**

Le caractère sacré de l'institution du mariage et du foyer doit être protégé. Aucun film ne doit suggérer que les relations sexuelles occasionnelles sont un comportement courant ou toléré.

1. L'adultère et le sexe illicite, qui sont parfois nécessaires au déroulement de l'intrigue, ne devront pas être traités de manière explicite, ni justifiés, ni apparaître comme une chose normale et acceptable.

2. Les scènes de passion :

a) Elles ne doivent être montrées que si elles sont absolument indispensables au déroulement de l'intrigue.

b) Les baisers obscènes, lèvres ouvertes, ainsi que les étreintes lascives, les postures suggestives et les gestes libidineux ne doivent pas être montrés.

c) Dans l'ensemble, la passion ne doit pas être traitée de manière à faire appel aux bas instincts.

3. La séduction ou le viol :

a) L'un et l'autre peuvent être tout au plus suggérés, et cela uniquement quand c'est essentiel pour l'intrigue. Ils ne doivent jamais être explicitement montrés.

b) Ils ne constituent en aucun cas un sujet acceptable pour une comédie.

c) Ils ne doivent jamais apparaître comme une chose juste et autorisée.

4. La question de l'avortement doit être écartée, peut tout au plus être suggérée et dans ce cas, doit être condamnée. Jamais l'avortement ne pourra être traité légèrement ni faire l'objet d'une comédie. L'avortement ne doit jamais être montré explicitement ou indirectement, et un scénario ne peut indiquer qu'un avortement a été pratiqué. L'emploi du mot "avortement" est interdit.

5. Les méthodes et techniques de la prostitution et de la traite des blanches ne seront jamais présentées en détail, et si ces sujets sont traités, ce sera nécessairement par contraste avec des comportements corrects. On ne doit pas montrer de bordels s'ils peuvent être clairement identifiés comme tels.

6. Les perversions sexuelles ou tout ce qui y fait allusion sont interdites.[1]

7. L'hygiène sexuelle et les maladies vénériennes ne sont pas des sujets

And, in order to equilize wages, all stars receiving more than a million a week would be paid in Soviet rubles

acceptables pour des films.

8. Les organes sexuels des enfants ne doivent jamais être montrés. Cette mesure ne s'applique pas aux nouveau-nés.

**4. La vulgarité**

Les expressions vulgaires, ou qui par leur double sens produisent le même effet, sont interdites. Ceci concerne – entre autres – des mots tels que pute, pédé, connard, couilles, folle, fils de p... Le traitement de sujets vils, répugnants, désagréables, même s'ils ne sont pas nécessairement contraires à la morale, devra toujours obéir aux règles du bon goût et respecter la sensibilité du public.

Darkened movies would no longer be a danger to morals . . . Ladies on the right . . . Gentlemen on the left

**5. L'obscénité**

1. Les danses suggérant ou représentant l'acte sexuel, ou mettant en valeur des actes indécents, doivent être considérées comme obscènes.

2. L'obscénité dans les paroles, les gestes, les allusions, les chansons, les plaisanteries, ou simplement suggérée, est interdite même dans le cas où elle n'est susceptible d'être comprise que d'une partie du public.

**6. Blasphème et sacrilège**

1. Le blasphème est interdit. Aucune référence à la Divinité, à Dieu, au Seigneur, à Jésus, au Christ ne doit être irrespectueuse.

2. Le sacrilège est interdit. Les mots «*hell*» [enfer] et «*damn*» (damné, que l'on traduit en fait par sacré), même s'ils sont parfois justifiables sur le plan

dramatique, seront considérés comme choquants par une grande partie du public si on les utilise sans modération. Leur emploi devra être soumis à la discrétion et aux conseils avisés de l'administration du Code.

**7. Costumes**

1. La nudité totale, de fait ou en silhouette, n'est autorisée en aucun cas, et les protagonistes du film ne devront pas faire de remarques licencieuses sur une nudité suggérée.

2. Toute exposition indécente ou excessive d'attributs sexuels est interdite.

a) Ceci ne doit pas s'appliquer lorsqu'il s'agit de photographier dans un pays étranger des scènes authentiques où apparaissent des habitants de ce pays dans le cadre de leur vie quotidienne, à condition :

1) Que ces scènes soient inclues dans un film documentaire ou touristique décrivant exclusivement le pays en question, ses coutumes et sa civilisation; et

2) Que ces scènes ne soient pas en elles-mêmes choquantes.

**8. Religion**

1. Aucun film ou épisode d'un film ne doit ridiculiser une foi religieuse, quelle qu'elle soit.

2. Les prêtres d'une religion, ou les personnes se posant comme telles, ne seront présentés ni comme des personnages comiques ni comme des «méchants» susceptibles de montrer la religion sous un jour irrévérencieux.

3. Les cérémonies religieuses seront traitées avec respect et circonspection.

**9. Sujets particuliers**

Les sujets suivants doivent être abordés avec discrétion et retenue, en respectant soigneusement les limites du bon goût :

1. Scènes de chambre à coucher.

2. Exécutions capitales par pendaison ou électrocution.

3. Alcool et beuveries.

4. Opérations chirurgicales et accouchements.

5. Application des méthodes du «troisième degré».

There would be no more doubles–stars would do their own drowning scenes

Virginia Mayo et James Cagney dans *L'enfer est à lui*, de Raoul Walsh (1949).

**10. Sentiment national**

1. L'utilisation du drapeau national devra être respectueuse en toutes circonstances.

2. L'histoire, les institutions, les personnalités éminentes et les citoyens de tous les pays seront présentés avec équité.

3. Aucun film ne pourra être produit s'il tend à inciter à l'intolérance ou à la haine entre des êtres de races, de religions ou de nationalités différentes. L'utilisation de mots humiliants tels que chinetoque, rital, polak, youpin, nègre, macaroni, youtre, devra être évitée.[2]

**11. Titres**

Les titres suivants ne pourront être utilisés :

1. Titres salaces, indécents, obscènes, blasphématoires ou vulgaires.

2. Titres violant toute autre disposition de ce Code.

**12. Cruauté à l'égard des animaux**

Pour la production de films mettant en scène des animaux, le producteur devra consulter le représentant officiel de l'American Humane Association et l'inviter à assister au tournage des scènes où ces animaux apparaissent. On ne pourra utiliser aucun dispositif ou appareil visant à provoquer la chute des animaux ou à leur faire subir tout autre traitement cruel.

1. Cette disposition a été modifiée le 3 octobre 1961 par le Bureau exécutif de la Motion Picture Association of America, autorisant les «aberrations sexuelles» lorsqu'elles étaient traitées avec «précaution, discrétion et retenue».

2. La liste américaine comporte les mots «*frog*», qui désigne les Français, mangeurs de grenouilles, et «*greaser*», qui désigne les Mexicains de manière très péjorative, pour lesquels nous n'avons pas d'équivalent en français. En revanche, nous n'y trouvons rien qui corresponde à «boche». (NdT)

# «Assurance sur la mort» face à la censure

*Dans son livre «The Censorship Papers», Gerald Gardner examine les lettres envoyées par le Hays Office aux compagnies de production pour qu'elles observent la réglementation du code de censure. Il examine ici plus particulièrement les recommandations de Joe Breen – à l'époque responsable du bureau de censure – à propos du scénario d'«Assurance sur la mort», le film de Billy Wilder, sorti en 1944.*

Le 15 mars 1943, Joe Breen écrivit à Paramount Pictures pour les dissuader de réaliser un film sur un couple d'amants qui tuent le mari de la femme pour toucher son assurance-vie. Le film s'intitulait *ThePostman Always Rings Twice* (*Le facteur sonne toujours deux fois*) et Paramount se laissa convaincre de l'abandonner. Le même jour, Joe Breen écrivit une deuxième lettre à Paramount Pictures, concernant un autre film racontant l'histoire de deux amants qui tuent le mari de la femme pour toucher son assurance-vie. Le film s'intitulait *Double Indemnity* (*Assurance sur*

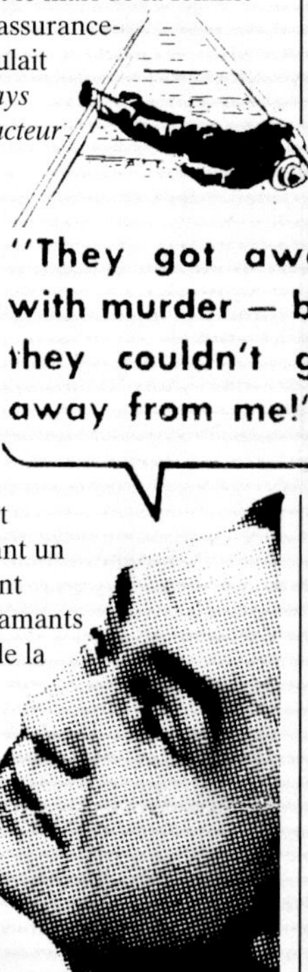


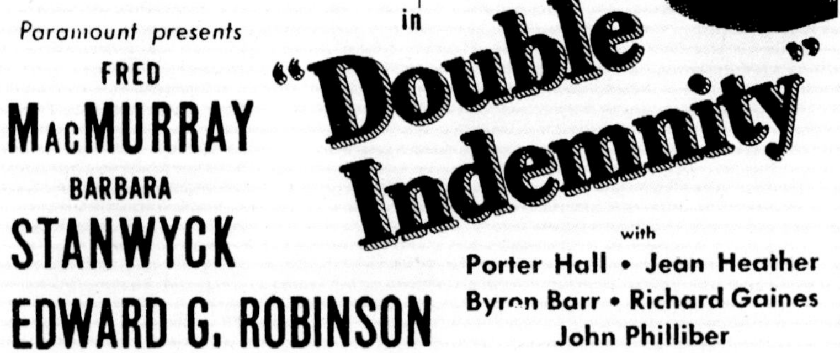

*la mort*) et, là, Paramount s'engagea à fond.

Les deux histoires, l'une et l'autre tirées de romans de James M. Cain, soulevèrent les mêmes objections et menaces de la part des censeurs. Toutes deux violaient incontestablement les règles du Code de la production. Il était probable qu'aucun des deux films ne serait approuvé, ce qui signifiait qu'aucun circuit de distribution majeur ne les prendrait. Tous deux, menacèrent les censeurs, se solderaient par un échec cuisant — l'équivalent pour les années 40 de *Heaven's Gate* .

Le sort des policiers n'est pas enviable, faisait observer W.S. Gilbert, et cela est particulièrement vrai pour ceux qui sont chargés de protéger la morale publique. Dans le cas de *Double Indemnity*, Joe Breen mit en œuvre toute la puissance de son administration et les tabous du code pour essayer de dissuader Paramount de poursuivre son projet. Pourtant, comme dans le cas du *Postman*, l'adultère et le meurtre de *Double Indemnity* réussirent à atteindre l'écran et, comme le *Postman*, *Double Indemnity* devint un superbe mélodrame serti de nombreux moments de suspense haletant.

Bien que les deux films présentent dans leurs rapports avec la censure des points communs évidents, *Double Indemnity* a bénéficié, sur le plan artistique, d'une participation plus relevée. Le scénario a été écrit par le père de Philip Marlowe, Raymond Chandler, et le réalisateur était Billy Wilder. Si les deux hommes durent lutter contre les oukases de la censure pendant toutes leurs années hollywoodiennes, Wilder à cause de *Some Like It Hot* (*Certains l'aiment chaud*) et de *Sunset Boulevard* (*Boulevard du crépuscule*), Chandler à cause de *Strangers on a Train* (*L'Inconnu du Nord-Express*), aucun de ces conflits passés ou futurs n'arriva à la cheville de leurs démêlées avec l'administration Hays concernant *Double Indemnity*.

*La lettre envoyée, sans succès, par Joe Breen le 15 mars 1943 arriva sur le bureau de Luigi Luraschi à Paramount Pictures en même temps que celle concernant* The Postman. *Paramount avait demandé à Breen un rapport sur le roman de Cain,* Double Indemnity, *pour voir quels obstacles sérieux pouvaient s'opposer à sa production. Breen répondit :*

«En ce qui concerne le roman *Double Indemnity*, j'ai le regret de vous annoncer qu'en raison d'un certain nombre d'éléments, l'histoire enfreint les règles du Code de la production et par conséquent donnera presque certainement un film que nous serons contraints de rejeter...

«Il ressort de sa lecture qu'il raconte le meurtre d'un homme par son épouse et un agent d'assurances qui est apparemment l'amant de celle-ci. Le mobile du meurtre est d'encaisser le montant de l'assurance que le couple meurtrier a contracté sur la vie de la victime. A la fin de l'histoire, le crime est avoué par l'un de ses auteurs aux inspecteurs de la compagnie d'assurances qui décident aussitôt de dissimuler l'information aux autorités légales et réussissent à entraver la bonne marche de la justice en organisant la fuite des deux criminels. [*Le dénouement du film fut différent.*] ... La première partie de l'histoire abonde en détails explicites concernant la préparation du meurtre et son exécution, violant définitivement les règles du code qui interdisent l'explication détaillée de "méthodes meurtrières". ... La deuxième partie de l'histoire traite des efforts, couronnés de

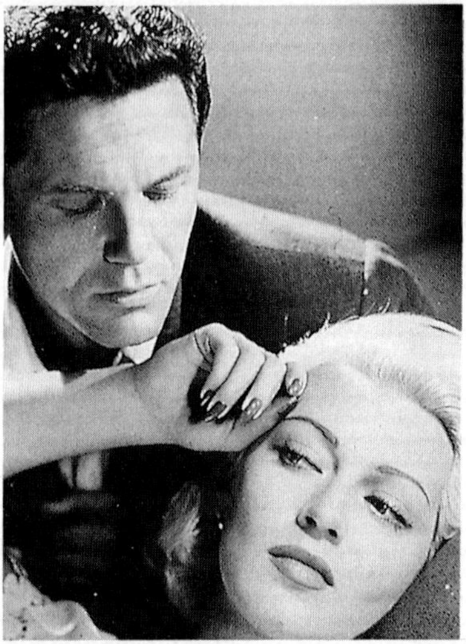

John Garfield et Lana Turner dans *Le facteur sonne toujours deux fois*, de T. Garnett(1946).

succès, des criminels pour échapper à l'arrestation et au châtiment et atteint son apogée lorsque l'homme décide de tuer sa complice. Sa tentative est déjouée quand la femme tire sur lui. Ensuite, blessé, il avoue son crime pour sauver la belle-fille de sa complice, dont il est épris et qu'accable un faisceau de preuves par présomption

L'histoire viole les règles du Code de la production en ce que :

1. Les principaux protagonistes sont des meurtriers qui bafouent la loi et meurent de leurs propres mains [...] Bien qu'ils se suicident [...] l'un des criminels est en un sens glorifié par son aveu destiné à sauver la jeune fille qu'il aime. [*On remarquera la moralité impitoyable du code : il ne suffit pas qu'un criminel meure pour ses péchés, encore faut-il qu'il n'ait aucune qualité susceptible de le racheter.*]

2. L'histoire traite, de façon non convenable, d'une liaison illicite et adultérine.

3. Les détails du meurtre, exécuté avec cruauté et de sang-froid, sont clairement exposés [...]

Le ton général, vil et sordide, rend selon nous l'ouvrage totalement inenvisageable pour une adaptation à l'écran. ... Il est de la plus grande importance, eu égard à ce genre de matériau, d'éviter "l'endurcissement du public, en particulier des spectateurs jeunes et impressionnables...» [*Cette histoire risquait certainement d'endurcir les éléments les plus jeunes du public, en particulier quand ils se trouveraient confrontés à Barbara Stanwick dans son chandail blanc moulant.*]

« Nous avons délibérément jugé que l'histoire en question est extrêmement condamnable. A moins de la modifier concrètement, tant dans la structure que dans le détail, il faut absolument renoncer à l'envisager dans le cadre d'une adaptation à l'écran.»

*Nullement découragé par les conclusions de Breen, Paramount procéda à la rédaction d'un scénario. Environ six mois plus tard, le 24 septembre, Breen reçut un scénario-découpage pour* Double Indemnity. *Il ne perdit pas de temps pour renvoyer ses objections détaillées :*

«Nous avons lu le scénario de votre projet de film *Double Indemnity* [...] Ayant examiné attentivement ce texte, nous attirons votre attention sur les points suivants :

Page 6 : La serviette de toilette devra recouvrir Phyllis [Barbara Stanwick] de manière décente et en tout cas descendre sous ses genoux [...]

Page 8 : Ce "pyjama d'intérieur en tissu arachnéen" doit également être décent, faute de quoi les deux scènes ne pourront être acceptées. [*Le propos de la scène était la séduction de l'agent d'assurances. En transformant la serviette de toilette en drap de bain et en substituant la flanelle à la mousseline pour le pyjama, les censeurs allaient à l'encontre des intentions de l'auteur.*]

Page 43 : Conformément à la politique habituelle de l'Association en matière d'empreintes digitales, veuillez supprimer la ligne suivante : "Et surtout, ne touche jamais cette police d'assurance sans avoir préalablement enfilé des gants." [*L'administration Hays espérait cacher au grand public le fait que les malfaiteurs pouvaient être retrouvés grâce à leurs empreintes. Ils imaginaient probablement que s'ils pouvaient dissimuler la méthode utilisée par les mammifères pour se reproduire, ils pouvaient aussi dissimuler la façon dont on identifie les criminels grâce à leurs empreintes.*]

Page 47 : Veuillez s'il vous plaît supprimer les mots soulignés dans la phrase "Garer votre côté sud."

Pages 62-63 : Nous estimons que la totalité de séquence détaillée où l'on se débarrasse du corps est inacceptable parce qu'elle expose le crime avec trop de précision.»

[*Le 1er décembre, Breen ayant reçu la dernière partie du scénario, écrivit à nouveau à Paramount :*]

«Nous avons lu la fin du scénario de votre projet de film *Double Indemnity*. Comme nous vous l'avons déjà dit, toute la scène de la chambre d'exécution est extrêmement discutable dans sa forme actuelle. En particulier, les détails de l'exécution [...] semblent inutilement atroces [...]. [*La scène fut tournée, mais coupée au montage et ne fut jamais projetée sur un écran de cinéma.*]

Gerald Gardner,
*The Censorship Papers*,
Dodd, Mead and Company,
New York, 1987.

# Le gangster, héros tragique

*Dans l'étude des mythologies américaines, l'essai de Robert Warshow «The Gangster as Tragic Hero» fut une étape importante. Pour la première fois, on se penchait sur un genre cinématographique, le film de gangster, et on le reliait à l'idéologie et à la culture américaines.*

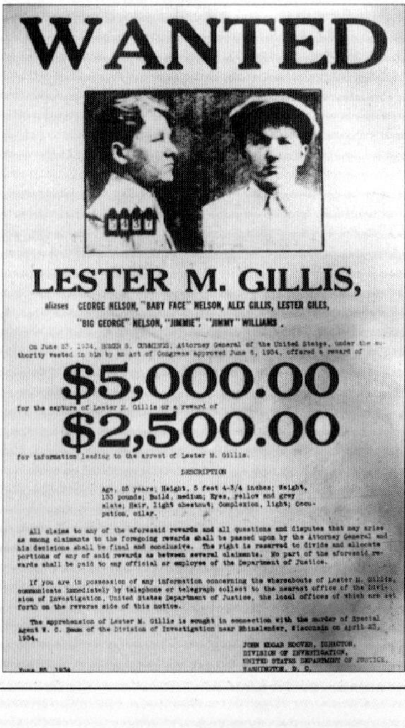


L'Amérique, en tant qu'organisation politique et sociale, est vouée à une conception joyeuse de la vie. Il ne pourrait en être autrement. Le sens du tragique est un luxe réservé aux sociétés aristocratiques, où l'on n'estime pas que le destin individuel revête une importance politique directe et légitime puisqu'il est déterminé par un ordre ou sort moral déterminé, suprapolitique, c'est-à-dire indiscutable. Les sociétés égalitaires modernes, cependant, qu'elles relèvent d'un régime démocratique ou autoritaire, s'appuient toujours sur la prétention de rendre la vie plus heureuse. La fonction avouée de l'Etat moderne, du moins dans ses termes essentiels, n'est pas seulement de régler les relations sociales mais aussi de déterminer la qualité et les possibilités de la vie humaine en général. Le bonheur devient ainsi l'objectif politique primordial – d'une certaine manière le seul objectif politique – et c'est pour cette raison qu'on ne peut jamais le traiter comme un objectif. Si un Américain ou un Russe est malheureux, cela implique une certaine réprobation de sa société et par conséquent, par l'effet d'une logique dont nous pouvons tous reconnaître la nécessité, être heureux devient une obligation civique. Si les autorités le jugent nécesaire, le citoyen peut même être contraint d'exprimer publiquement son bonheur dans des occasions importantes, de la même façon qu'il peut être appelé sous les drapeaux en temps de guerre.

Naturellement, cette responsabilité civique repose fortement sur les organes de la culture de masse. Le citoyen privé peut encore avoir droit à son malheur privé tant que cela ne revêt pas de sens politique, l'étendue de cette tolérance dépendant de la place que la société est prête à accorder à la vie privée. Mais chaque production de la culture de masse est un acte public et doit être conforme aux notions admises de bien public. Personne ne met sérieusement en cause le principe selon lequel la fonction de la culture de masse est de soutenir le moral des gens, et il est évident que personne, parmi la masse des spectateurs, ne voit d'inconvénient à ce que l'on soutienne son moral[1] . A une époque où la condition normale du citoyen est un état d'anxiété, l'euphorie envahit notre culture comme le large sourire d'un idiot. En termes d'attitudes à l'égard de la vie, il existe très peu de différence entre un film «joyeux» tel que *Good News* (*Vive l'amour*), qui ignore la mort et la souffrance, et un film «triste» comme *A Tree Grows in Brooklyn* (*Le lys de Brooklyn*), qui utilise la mort et la souffrance comme des données mineures au service d'un plus grand optimisme.

Cependant, aussi efficace soit-il comme source de consolation et moyen de pression pour maintenir des comportements sociaux «positifs», cet optimisme ne satisfait vraiment personne, pas même ceux qui seraient perdus sans son soutien. Même dans le domaine de la culture de masse, il existe toujours un courant d'opposition qui cherche à exprimer, par n'importe quel moyen se trouvant à sa portée, ce sentiment de désespoir et d'échec inéluctable dont l'optimisme lui-même

Arrestation de Lucky Luciano en juin 1936.

est porteur. La plupart du temps, cette opposition se limite à des formes rudimentaires ou peu évoluées : dans la politique populaire et le journalisme, par exemple, ou dans certaines catégories de ferveur religieuse. Quand elle pénètre dans le monde artistique, elle est le plus souvent déguisée ou atténuée : une forme d'expression non caractérisée comme le jazz, le nihilisme fondamentalement inoffensif des Marx Brothers, le désespoir éternellement réaffirmé qui semble souvent être le véritable message des feuilletons sentimentaux. Le film de gangsters est remarquable en ce qu'il répond au besoin de déguisement (quoique insuffisamment pour éviter de provoquer un malaise) sans exiger une distorsion trop importante de la réalité. Dès ses débuts, il a incarné, régulièrement et d'une manière incroyablement complète, la tragédie sous son jour moderne[2] .

Dans sa forme initiale, le film de gangsters n'est qu'un exemple de la tendance immuable du cinéma à créer des schémas dramatiques déterminés que l'on peut reproduire à l'infini en s'attendant raisonnablement à recueillir des bénéfices. Les films de gangsters se succèdent de la même manière que les comédies musicales ou les westerns. Mais cette rigidité n'est pas forcémment contraire aux exigences de l'art. Il y a eu dans le passé des formes artistiques couronnées de succès qui ont développé des conventions tellement spécifiques et détaillées que les exemples individuels de chaque catégorie en devenaient presque interchangeables. Ceci est valable, par exemple, pour la Tragédie du vengeur de l'ère élizabéthaine et les comédies de la Restauration.

Pour qu'une catégorie connaisse la réussite, il faut que ses conventions se soient imposées à la conscience collective et soient devenues les véhicules acceptés d'un série particulière d'attitudes et d'un effet esthétique particulier. L'on se porte vers un exemple individuel de la catégorie avec une aspiration bien précise et l'originalité n'est bienvenue que dans la mesure où elle intensifie l'expérience attendue sans pour autant l'altérer fondamentalement. De surcroît, la relation entre les conventions qui contribuent à créer cette catégorie et l'expérience réelle de son public ou les faits réels de la situation qu'elle prétend décrire n'est que d'importance secondaire et ne détermine pas sa force esthétique. La catégorie ne fait appel à l'expérience vécue du public qu'en dernière instance; de manière plus immédiate, elle fait appel à l'expérience précédente de la catégorie elle-même : elle crée son propre champ référentiel.

Aussi l'importance du film de gangsters et la nature, l'intensité de son impact émotionnel et esthétique, ne peuvent être mesurés en fonction de la personne du gangster ou de l'importance du problème criminel dans la vie américaine. Les cinéphiles européens qui s'imaginent qu'à New York, il y a un gangster à chaque coin de rue, se trompent assurément, mais les défenseurs de l'aspect «positif» de la culture américaine font également fausse route s'ils croient juste d'affirmer que la plupart des Américains n'ont jamais vu de gangster. Ce qui compte est que l'expérience du gangster *en tant qu'expérience artistique* est commune à tous les Américains. Il n'y a pour ainsi dire rien que nous comprenions mieux, ou à quoi nous réagissions plus spontanément, ou plus intelligemment. Le western, bien que sa popularité ne semble pas en passe de diminuer, n'est pour la plupart d'entre nous rien de plus que le folklore d'un passé, familier et

Edward G. Robinson, dans *Petit César* de Mervyn LeRoy (1931).

compréhensible surtout parce qu'il a été si souvent répété. Le film de gangsters est plus proche de nous. D'une manière que nous ne définissons ni facilement, ni volontiers, le gangster parle en notre nom, exprimant cette partie de l'inconscient américain qui rejette les qualités et les exigences de la vie moderne, qui rejette l' «américanisme» proprement dit.

Le gangster est un homme de la ville, qui possède le langage et le savoir de la ville, avec ses talents étranges et malhonnêtes et sa terrible audace, portant sa vie à bout de bras comme une pancarte, comme un club. Pour n'importe qui, il existe au moins la possibilité théorique d'un autre monde – dans cette culture américaine du bonheur que nie le gangster, la ville n'existe pas réellement, ce n'est que la campagne avec davantage d'habitants et de lumières – alors que pour le gangster, seule la ville existe. Il doit y vivre pour pouvoir la personnifier : non point la véritable ville, mais cette cité dangereuse et triste de l'imaginaire qui est beaucoup plus importante, qui est le monde moderne. Et le gangster – quoiqu'il existe d'authentiques gangsters – est aussi, essentiellement, une créature de l'imaginaire. La véritable ville, pourrait-on dire, ne produit que des criminels; la ville imaginaire produit le gangster : il est ce que nous voulons être et ce que nous redoutons de pouvoir devenir.

Lâché au milieu de la foule sans antécédents ni privilèges, avec pour tout bagage ces talents ambigus que le reste d'entre nous – les habitants réels de la ville réelle – ne peuvent que prétendre avoir, le gangster est forcé de tracer son chemin, de faire sa vie et de l'imposer aux autres. Habituellement, lorsque nous le rencontrons, il a déjà fait son choix ou le choix a été fait pour lui, peu importe : nous n'avons pas le droit de demander si à un moment donné il aurait pu choisir de devenir autre chose que ce qu'il est.

L'activité du gangster est en réalité une forme d'entreprise rationnelle, impliquant des objectifs bien déterminés et les diverses techniques permettant de les atteindre. Mais cette activité rationnelle est généralement limitée à une vague toile de fond; nous savons, peut-être, que le gangster vend de l'alcool ou dirige une officine de loterie clandestine; parfois, nous en savons même moins que ça. Son activité devient ainsi une sorte de criminalité pure : il blesse les gens. Notre réaction au film de gangsters est certainement, de la manière la plus régulière et la plus universelle, une réaction au sadisme; nous jouissons de la double satisfaction de participer par procuration au sadisme du gangster et de voir ce sadisme se retourner contre son auteur.

Mais à un autre niveau, la qualité de brutalité irrationnelle et la qualité d'entreprise rationnelle fusionnent. Dans la mesure où nous n'assistons pas aux aspects rationnels et routiniers du comportement du gangster, la pratique de la brutalité – la qualité de criminalité sans partage – devient la totalité de sa carrière. En même temps, nous sommes toujours conscients que la signification profonde de cette carrière est la poursuite du succès : le film de gangsters typique offre l'image d'une progression régulière vers le haut suivie d'une chute précipitée. Ainsi la brutalité devient-elle à la fois le moyen et le contenu de la réussite – une réussite définie dans ses termes les plus généraux, non en tant qu'accomplissement ou gain particulier, mais simplement la possibilité d'agression illimitée. (De même, la façon dont on présente les hommes d'affaires au cinéma tend à faire croire qu'ils réussissent en parlant au téléphone et en participant à des conférences et que le succès consiste à parler au téléphone et à participer à des conférences.)

De ce point de vue, le contact initial entre le film et son public est une conception de l'existence humaine sur

laquelle tout le monde tombe d'accord : l'homme est un être pour qui la réussite ou l'échec sont possibles. Ce principe est également valable à la ville. Il faut émerger de la foule, faute de quoi l'on n'est rien. La nécessité de l'action est posée sur cette base et progresse par des voies inaltérables jusqu'au point où le gangster gît, mort, et où le principe a été modifié : il n'existe en réalité qu'une seule possibilité, l'échec. Le sens ultime de la ville est l'anonymat et la mort.

Dans la première scène de *Scarface*, on nous montre un homme qui a réussi; nous savons qu'il a réussi parce qu'il vient de donner une fête somptueuse et parce qu'il est surnommé Big Louie. Par un manque de précaution aberrant, il s'offre le luxe de rester seul quelques instants. Nous en déduisons immédiatement qu'il va se faire tuer. Aucune convention du film de gangsters n'est plus solidement établie que celle-ci : rester seul est dangereux. Et pourtant, les conditions mêmes de la réussite impliquent qu'il est impossible de ne pas être seul, car la réussite est l'aboutissement d'une domination individuelle qui doit s'imposer aux autres et qui génère automatiquement la haine; l'homme qui a réussi est un hors-la-loi. La vie entière du gangster n'est qu'un effort pour s'affirmer comme individu, pour s'extraire de la foule et il meurt toujours parce qu'il est un individu; la balle ultime le projette en arrière, le transforme, finalement, en échec. «Sainte mère, dit Little Caesar au moment de mourir, est-ce là la fin de Rico?», parlant de lui à la troisième personne car ce qui a été rabaissé n'est pas l'homme parmi tant d'autres mais l'individu avec un nom, le gangster, le succès. (T. S. Eliot a relevé que plusieurs héros de tragédies shakespeariennes portent ce regard distancié sur eux-mêmes; leur véritable identité, ce qui est détruit lorsqu'ils meurent, est quelque chose d'extérieur à eux – non pas un homme mais un mode de vie, une sorte de signification.)

Au fond, le gangster est perdu d'avance parce qu'il est dans l'obligation de réussir, non parce que les moyens qu'il emploie sont illégaux. Dans les strates les plus profondes de la conscience moderne, tous les moyens sont illégaux, chaque effort en vue de réussir est un acte d'agression qui vous laisse seul, coupable et sans défense au milieu d'ennemis : on est *châtié* pour avoir réussi. Voilà notre intolérable dilemme : que l'échec soit une sorte de mort et que la réussite soit mauvaise et dangereuse; qu'elle soit, en ultime instance, impossible. Le résultat du film de gangsters est d'incarner ce dilemme en la personne du gangster et de le résoudre par sa mort. Le dilemme est résolu parce qu'il s'agit de sa mort, pas de la notre. Nous sommes en sécurité; pour l'instant, nous pouvons accepter notre échec, nous pouvons choisir d'échouer.

Robert Warshow
in *Partisan Review*, fév. 1948;
repris dans *The Immediate Experience*,
Doubleday, New York, 1948

1. Lorsqu'elle témoigna devant la Commission des activités anti-américaines, Mme Leila Rogers déclara qu'un film tel que *None But the Lonely Heart* (*Rien qu'un cœur solitaire*) était anti-américain parce qu'il était sinistre. Comme tant d'autres propos émis lors de cette malheureuse enquête sur Hollywood, cette déclaration était à la fois stupide et lumineuse. On savait de quoi parlait Mme Rogers. Elle s'était simplement montrée suffisamment insensible pour aller jusqu'au bout de son philistinisme.

2. De temps à autre, l'on s'est efforcé d'aligner les films de gangsters sur l'optimisme dominant et la moralité sociale de notre culture. *Kiss of Death* (*Le Carrefour de la mort*) en est un exemple récent. Ces efforts ne sont généralement pas couronnés de succès, pour des raisons certes intéressantes, mais que je ne peux développer ici.

# Cagney par lui-même

*James Cagney avait commencé sur les planches du music-hall dans les années 20, en chantant et en dansant. Après quelques films sans relief, il devint du jour au lendemain une star, grâce à «L'Ennemi public» produit par la Warner. Dans son autobiographie, il évoque l'expérience de ce film qui allait imposer son image de violence, de dynamisme et d'irrésistible vitalité.*

Puis vint *The Public Enemy* (*l'Ennemi public*). C'était l'histoire de deux garçons de la rue, l'un s'exprimant plutôt gentiment, l'autre une vraie petite frappe. Pour une raison non élucidée, on me donna le rôle du plus doux et Eddie Woods, excellent acteur mais issu d'un milieu fort convenable, bien élevé et parlant avec élégance, obtint celui du mauvais garçon. Heureusement, Bill Wellman, le réalisateur, ayant vu *Doorway to Hell*, ne mit pas longtemps à constater l'évidente erreur de distribution. Il sut immédiatement que j'étais capable de rendre avec naturel le ton voyou et aussitôt la question réglée avec Darryl Zanuck, Eddie et moi avons échangé nos rôles.

Le film comportait certains risques, dont les balles véritables. Cela se passait avant que les types des effets spéciaux n'aient appris à rendre les balles «explosives» aussi inoffensives que des pistolets à amorce. A l'époque, la Warner employait un garçon nommé Bailey qui avait été mitrailleur pendant la Première Guerre mondiale et savait vraiment faire fonctionner ce genre d'engin. Il était assis avec sa mitrailleuse sur une plate-forme surélevée tandis que je détalais en contrebas et m'aplatissais derrière un mur de pierre au bout de la rue. Quelques secondes après, Bailey se mit à tirer sur le faîte du mur, qui vola en éclats, pulvérisé comme je l'aurais été si j'y étais resté deux secondes de plus.

Un autre incident un peu contrariant intervint quand Donald Cook, un excellent acteur qui jouait le rôle de mon frère dans le film, dut prouver que son système nerveux avait été ébranlé par la guerre en se mettant en garde et me frappant à la bouche. Je crois bien qu'il avait reçu des instructions. J'ai toujours soupçonné Bill Wellman de lui avoir dit : «Vas-y carrément, ne lui fais pas de cadeau. Il peut encaisser», car lorsque Cook m'a flanqué son coup de poing, il n'a certes pas retenu son bras. Au lieu de faire semblant, comme c'est l'habitude, il m'a carrément décoché un bon direct en pleine machoire, me cassant une dent et m'étalant inanimé au sol.

*The Public Enemy* avait une bonne distribution : Eddie, Donald, Mae Clarke et l'inoubliable Jean Harlow. Exceptionnellement prêtée par un autre studio pour ce film, c'était une fille très, très spéciale. D'un genre tout à fait nouveau dans la profession, elle ne connaissait pas grand-chose au métier d'actrice mais avait une forte personnalité et c'était très agréable de travailler avec elle. Je ne l'ai jamais revue après *The Public Enemy* mais sa mort m'a attristé, une mort stupide à ce que j'ai compris, puisqu'elle a négligé de soigner une grave affection de la vésicule biliaire.

En jouant la scène du pamplemousse, Mae Clarke et moi, nous n'imaginions pas la sensation que cela produirait. L'idée venait d'un incident qui s'était réellement produit à Chicago. Un voyou nommé Hymie Weiss, écoutant sa petite amie jacasser interminablement un matin au petit déjeuner, avait fini par s'énerver et lui avait écrasé en plein visage l'omelette qu'elle venait de lui servir. Reproduire la scène à l'écran aurait été un peu dégoûtant, aussi eûmes nous recours à la moitié de pamplemousse. Je devais subir pendant des années les retombées de cet épisode. Invariablement, chaque fois que j'allais au restaurant, il y avait un petit malin qui demandait au serveur de m'apporter une assiette de pamplemousses. Cela finit par être terriblement lassant mais cela ne m'a pas empêcher de les manger, autant qu'il y en avait, chaque fois que cela se produisait.

Un aspect peu connu de la scène du pamplemousse est qu'à l'époque Mae était mariée à Monte Brice, le frère de Fanny. Mae et Monte divorcèrent ensuite, et pas dans les meilleurs termes apparemment puisque chaque fois que j'écrasais le pamplemousse sur le visage de Mae, au Strand Theatre, j'étais assuré d'avoir au moins un spectateur — Monte. Il arrivait juste avant la scène en question, hurlait de rire en la regardant et repartait aussitôt.

*The Public Enemy* fut un des premiers films à petit budget de l'industrie cinématographique qui ait atteint le million de dollars de recettes. D'habitude, je ne m'intéresse pas trop aux détails matériels, mais dans ce cas précis je sais exactement combien le film a coûté parce que Bill Wellman me l'a dit. L'ensemble de l'opération n'a pas dépassé 151 000 dollars et nous avons bouclé le tournage en vingt-six jours seulement.

Après le lancement de *The Public Enemy*, la Warner a inscrit mon nom en vedette en haut des affiches, ce qui était plutôt agréable mais ne compensait pas le manque de compensation. Je continuai à tourner film après film à une cadence accélérée, constatant autour de moi le mauvais traitement que la direction des studios réservait aux acteurs. Ceux-ci étaient considérés comme une denrée facilement remplaçable, au même titre que les accessoires et le maquillage. J'observais cela et ne devais pas l'oublier.

*Cagney by Cagney*,
Doubleday,
New York,
1976

# Prélude au tournage du «Faucon maltais»

*Hollywood était prolixe en notes de travail et en lettres qu'échangeaient les participants d'un film. On lira ici au sujet du «Faucon maltais», des correspondances du comédien Georges Raft, du producteur exécutif Henry Blanke, du responsable de la production Hal Wallis et du réalisateur John Huston.*

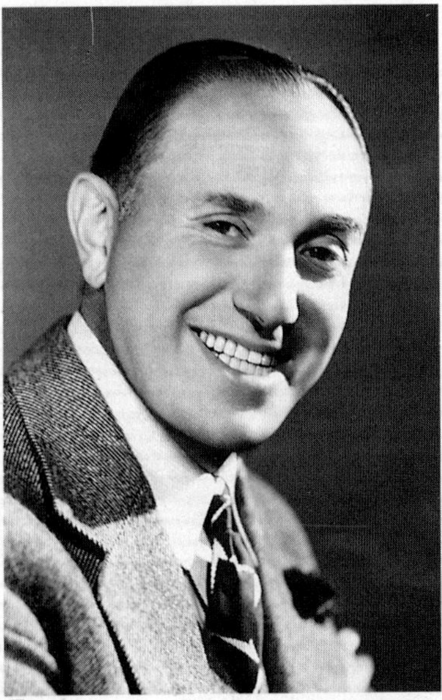

Jack Warner.

De George Raft
M. Jack Warner
Warner Bros. Pictures, Inc.
Burbank, California

6 juin 1941

Cher Jack,

Je vous écris personnellement, pensant que tout conflit d'opinions qui a pu surgir entre nous doit être réglé de la manière la plus amicale. Comme vous le savez, je suis profondément convaincu que *Le Faucon maltais*, où vous voulez me faire jouer, n'est pas un film important et dans ce contexte je dois vous rappeler une fois de plus que vous m'avez promis, avant que je signe mon nouveau contrat avec vous, de ne jamais me demander d'interpréter autre chose que des films importants – en fait, vous m'avez dit en présence de Noll Gurney que vous seriez ravi de me donner une lettre dans ce sens. Beaucoup de temps a passé depuis que vous m'avez fait cette promesse et je pense que vous pourriez m'envoyer cette lettre maintenant.

J'imagine que vous êtes parfaitement disposé à prendre quelqu'un d'autre pour *Le Faucon maltais* à condition d'obtenir une prolongation de la durée de mon contrat. Cela me paraît tout à fait correct...

Très cordialement,
George Raft

*On récupéra Humphrey Bogart, qui était sur une voie de garage, pour lui donner le rôle de Sam Spade, initialement destiné à George Raft.*

A : M. Blanke
De : Hal Wallis
Date : 12 juin 1941
Objet : *Le Faucon maltais*

Les résultats de la deuxième journée de tournage de Huston sont meilleurs que ceux de la première mais je continue à

penser que le rythme traîne un peu. Je crois que ma critique concerne essentiellement Bogart, qui a adopté une façon de parler nonchalante et suave. Je ne pense pas que nous puissions continuer comme cela pendant tout le film car cela risque de rendre les scènes sinistres et de casser leur rythme. Bogart doit retrouver sa vivacité habituelle, ses gestes et son élocution staccato, et s'il ne le fait pas, je crains que nous ne rencontrions de sérieuses difficultés. L'action parait dans l'ensemble un peu trop lente et contrainte, un peu laborieuse. Nous devons accélérer la cadence et la façon de dire les répliques. Ainsi la petite scène où Bogart répond au téléphone à deux heures du matin, quand son partenaire a été abattu. Son débit est un peu trop lent lorsqu'il parle à son interlocuteur invisible et dit «où?» etc., etc., et aussi, avant qu'il ne décroche finalement le téléphone pour composer un numéro et raconter l'histoire à quelqu'un d'autre, sa secrétaire, il y a une longue pause qui ne va pas du tout avec le genre de tempo agressif, pugnace, dont ce film a besoin. Nous devons nous débarrasser de ce type de débit dans les dialogues, particulièrement dans le cas de Bogart, et chaque fois qu'il se passe quelque chose, il faut que ça aille vite, il doit y avoir de l'action dans ce film.

La scène proprement dite, le cadrage, l'image, le son, etc., sont bien. C'est essentiellement une question de rythme et de débit verbal.

cc. M. Huston
Hal Wallis

*Ce fut le premier film de John Huston.*

A : M. Wallis
De : Huston
Date : 13 juin 1941
Objet : *Le Faucon maltais*

Cher Hal,

En ce qui concerne votre note d'hier – je rétrécis toutes les pauses et accélère toute l'action. Vous comprenez, bien entendu, que je n'ai tourné jusqu'ici que les scènes lentes du film. A moins de garder cela présent à l'esprit, on risque facilement d'avoir une fausse impression de monotonie. Par exemple : entre la scène du téléphone dans l'appartement de Spade et les scènes entre Spade et Iva (l'actrice indépendante Gladys George), et Spade et Effie Perine (l'actrice indépendante Lee Patrick) dans son bureau, il y a deux autres scènes – entre Spade et les flics – qui vont aller tellement vite qu'elles vont dégager des étincelles.

Après la séquence que je tourne actuellement – l'appartement de Brigid – l'histoire commence réellement à bouger. Au moment où nous atteindrons la séquence Cairo-Brigid-le flic dans l'appartement de Spade, elle éclatera comme le bouquet d'un feu d'artifice.

Je ne vous raconte cela que pour vous persuader qu'en tournant chaque scène je continue d'avoir l'ensemble du film en tête. Ce film devrait gagner en vitesse au fur et à mesure de son parcours. Sinon, la vitesse que j'entends réellement imprimer aux scènes à venir deviendrait monotone.

Néanmoins, j'agis comme vous l'avez indiqué dans votre note – en rendant Bogart vif et staccato et en ôtant tout caractère prémédité à son jeu.

Je pense que si nous avions tourné les scènes dans l'ordre de l'histoire, et que vous aviez déjà pu voir la scène entre Spade et le flic dans son apaprtement, toutes vos inquiétudes concernant le rythme auraient disparu. Vous pouvez être assuré qu'après avoir vu les rushes du premier jour, j'étais parfaitement conscient des risques d'un rythme trop lent.

John

A : M. Blanke
De : M. Wallis
Date : 24 juin 1941
Objet : *Le Faucon maltais*

La scène dans l'appartement avec Bogart, Astor et Peter Lorre (acteur sous contrat) est très bonne. Je ne la trouve pas trop lente. Elle supporterait simplement une petite pointe d'accélération, l'échange de répliques parait traîner un peu, il pourrait peut-être gagner du temps là-dessus.

Une chose qui me préoccupe, cependant, est la façon dont Mary Astor dit ses répliques. Je trouve qu'elle joue l'ensemble un rien trop discret et femme du monde. Je pense qu'elle va un peu trop loin dans ce sens, avec sa voix feutrée, et il est évident qu'elle joue une comédie à tous les personnages qu'elle rencontre dans le film, et je pense qu'elle en rajoute au point où les gens à qui elle destine son numéro vont finir par s'apercevoir qu'elle fait semblant. Si cela ne vous paraît pas tout à fait clair, je suis prêt à vous l'expliquer.

Hal Wallis

A : M. Wallis
Date : 30 juin 1941
De : M. Blanke
Objet : *Le Faucon maltais*

Cher Hal,

En fin de journée, l'équipe de Huston aura gagné un peu plus de deux jours d'avance sur le calendrier et nous envisageons maintenant qu'à la fin du tournage, nous aurons quatre ou cinq jours d'avance. Mais pour que cela soit possible, il faut que je vous soumette une requête concernant une procédure peu orthodoxe pour laquelle j'ai besoin de votre aval.

Vu la façon dont nous avançons actuellement, nous terminerons le tournage dans l'appartement de Gutman à 13 heures demain, après quoi nous retournerons dans l'appartement de Spade pour une sérieuse séquence couvrant trente-cinq pages de scénario qui nécessite la présence de tous les membres de la distribution.

Dans la mesure où ceci est le premier film de Huston et que c'est la partie la plus difficile à tourner, vu qu'il faut soutenir l'intérêt pendant les trente-cinq pages, nous aimerions tous procéder de la manière suivante : Huston ira à l'appartement de Spade à midi et en présence de tous les membres de la distribution, dirigera une répétition des trente-cinq pages jusqu'à mercredi 13 heures (soit une journée entière), puis se mettra immédiatement à tourner. Le réalisateur sachant ce qu'il doit faire, les acteurs connaissant le moindre de leurs mouvements et maîtrisant leurs répliques, nous gagnerons un temps précieux qui sera supérieur à la journée perdue en répétitions.

Insistant sur le fait qu'il s'agit du premier film de Huston et sachant que nous serons gagnants, au bout du compte, sur la qualité du film et sur les délais, je suis persuadé que vous m'accorderez cette requête. Ayez la gentillesse de me tenir informé.

Blanke

in Rudy Behlmer,
*Inside Warner Bros*(1935-1951)
New York, Viking, 1985

## Le Faucon maltais

*Si «Le Faucon maltais» de John Huston est réputé, à juste titre, comme un modèle d'adaptation cinématographique, il n'en présente pas moins un grand nombre d'ajouts, de condensations, de modifications subtiles par rapport au roman de Dashiell Hammett. A la description détaillée du visage de Sam Spade qui ouvre le livre (proche en cela de« l'objectif» de la caméra, avec son style de fiche anthropométrique), Huston substitue par exemple des plans de San Francisco, de son pont puis de la porte d'un bureau, et enfin un mouvement descendant sur Humphrey Bogart, la tête à demi tournée. Le cinéaste crée ainsi un dynamisme pour intégrer l'action qui commence dans un milieu urbain précis.*

and
BARTON MacLANE
LEE PATRICK
SYDNEY GREENSTREET
WARD BOND
JEROME COWAN
Warner Bros.-First National Picture

With
HUMPHREY BOGART
MARY ASTOR
GLADYS GEORGE
PETER LORRE

Executive Producer
HAL B. WALLIS

Directed by
JOHN HUSTON

*Première page du roman de Dashiell Hammett,* The Maltese Falcon, *en version originale.*

I
*Spade & Archer*

**Samuel Spade's jaw was long and bony, his chin a jutting v under the more flexible v of his mouth. His nostrils curved back to make another, smaller, v. His yellow-grey eyes were horizontal. The v *motif* was picked up again by thickish brows rising outward from twin creases above a hooked nose, and his pale brown hair grew down – from high flat temples – in a point on his forehead. He looked rather pleasantly like a blond satan.**

**He said to Effie Perine:**

**«Yes, sweetheart?»**

**She was a lanky sunburned girl whose tan dress of thin woolen stuff clung to her with an effect of dampness.**

**Her eyes were brown and playful in a shiny boyish face. She finished shutting the door behind her, leaned against it, and said:**

**«There's a girl wants to see you. Her name's Wonderly.»**

**«A customer?»**

**«I guess so. You'll want to see her anyway: she's a knockout.»**

**«Shoo her in, darling,» said Spade. «Shoo her in.»**

Dashiell Hammett,
*The Maltese Falcon*,
New York, Alfred A. Knopf, 1930

*Première page du roman de Dashiell Hammett,* Le Faucon maltais, *traduit en français.*

CHAPITRE PREMIER

Sam Spade avait la mâchoire inférieure lourde et osseuse. Son menton saillait, en V, sous le V mobile de la bouche. Ses narines se relevaient en un autre V plus petit. Seuls, ses yeux gris jaunes coupaient le visage d'une ligne horizontale. Le motif en V reparaissait avec le sourcil épais, partant de deux rides jumelles à la racine du nez aquilin et les cheveux châtain très pâle, en pointe sur le front dégarni, découvrant les tempes. Il avait quelque chose d'un sympathique Méphisto blond.

- Qu'est-ce qu'il y a, mon petit? dit-il à Effie Perine.

La jeune fille, bronzée, grande – une fausse maigre – portait une robe de lainage mince qui moulait ses formes comme un drap mouillé. Ses yeux bruns riaient dans un visage lumineux d'adolescent. Elle ferma la porte derrière elle et s'adossa au battant.

– C'est une femme qui voudrait te voir, dit-elle. Elle s'appelle Miss Wonderly.

– Une cliente?

– Je crois. De toute façon, tu aurais envie de la voir. Elle est formidable.

– Fais entrer, chérie, fais entrer, dit Spade.

Dashiell Hammett,
*Le Faucon Maltais*,
Traduction de Henri Robillot,
Paris, Gallimard, 1950

SAN FRANCISCO

SPADE
AND
ARCHER

## Série noire

*En 1944, Marcel Achard fait connaître à Marcel Duhamel qui vient de traduire Henry Miller et fut proche des surréalistes, trois romans policiers anglais que Duhamel adapte très vite en français. Il pense alors à une collection pour les éditions Gallimard. Son ami Jacques Prévert trouve le titre «Série noire» et son épouse, Germaine Duhamel, dessine la couverture qui deviendra si célèbre. Certains auteurs déjà publiés en français seront alors intégrés à la Série noire, havre des romans policiers d'Outre-Atlantique qui avaient inspiré le cinéma et que le cinéma rendit populaires.*

Que le lecteur non prévenu se méfie: les volumes de la «Série noire» ne peuvent pas sans danger être mis entre toutes les mains. L'amateur d'énigmes à la Sherlock Holmes n'y trouvera pas souvent son compte. L'optimiste systématique non plus. L'immoralité admise en général dans ce genre d'ouvrages uniquement pour servir de repoussoir à la moralité conventionnelle, y est chez elle autant que les beaux sentiments, voire que l'amoralité tout court. L'esprit en est rarement conformiste. On y voit des policiers plus corrompus que les malfaiteurs qu'ils poursuivent. Le détective sympathique ne résout pas toujours le mystère. Parfois il n'y a pas de mystère. Et quelquefois même, pas de détective du tout...

Mais alors?...

Alors, il reste de l'action, de l'angoisse, de la violence – sous toutes ses formes et particulièrement les plus honnies – du tabassage et du massacre. Comme dans les bons films, les états d'âme se traduisent par des gestes, et les lecteurs friands de littérature introspective devront se livrer à la gymnastique inverse. Il y a aussi de l'amour – préférablement bestial – de la passion désordonnée, de la haine sans merci, tous sentiments qui, dans une société policée, ne sont censés avoir cours que tout à fait exceptionnellement, mais qui sont ici monnaie courante et

sont parfois exprimés dans une langue fort peu académique mais où domine toujours, rose ou noir, l'HUMOUR.

En bref, notre but, est fort simple: vous empêcher de dormir. A cet effet, nous avons fait appel aux grands spécialistes du roman policier mouvementé: Burnett, James Cain, Hadley Chase, Peter Cheyney, Horace McCoy, Dashiell Hammett, Don Tracy, Raoul Whitfield, etc., et tous nous ont donné le meilleur de leurs œuvres pour cette louable entreprise.

Il paraît

DEUX TITRES PAR MOIS
DEPUIS LE 1er JUILLET 1948

A l'amateur de sensations fortes, je conseille donc vivement la réconfortante lecture de ces ouvrages, dût-il me traîner dans la boue après coup. En choisissant au hasard il tombera vraisemblablement sur une nuit blanche.

Marcel Duhamel,
texte d'introduction
à la «Série noire», 1948

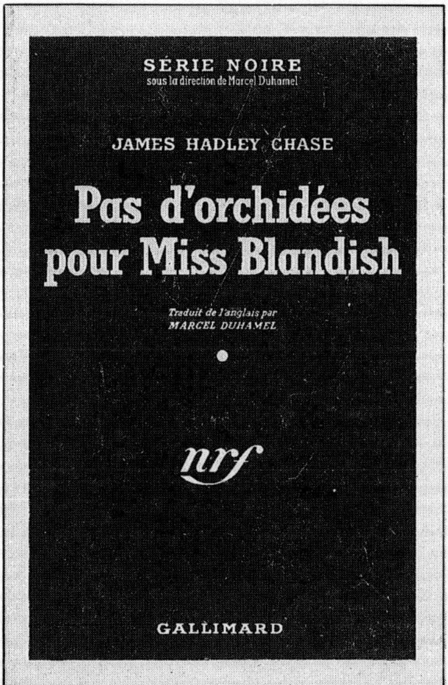


La *Môme vert-de-gris* et *Cet homme est dangereux*, de Peter Cheney, *Pas d'orchidées pour Miss Blandish*, de James Hadley Chase, sont les trois premiers romans policiers édités par Marcel Duhamel dans la Série noire.

# La poisse façon Bogey (séquences)

*Ce texte de Jean-Philippe Domecq, romancier et essayiste, témoigne de l'influence toujours présente des grands mythes hollywoodiens – en l'occurence Humphrey Bogart – sur la sensibilité des écrivains français contemporains.*

Roy Earle est cet hors-la-loi que laissent sans voix les traîtrises de la loi (la société, les lâcheurs, une femme dont l'aura angélique le dupera) : voilà pour le scénario de *High Sierra*. Maintenant, comment Bogart interprétera-t-il ce personnage tour à tour brutal et désarmé? Tant que Roy Earle a l'initiative de l'action (le hold-up, ses préparatifs, ses transactions, la fuite), on retrouve un jeu tout en effets de concentration, son maintien tendu vers l'acte à accomplir. Mais sitôt que son personnage se trouve confronté à la rouerie adverse, Bogart déjoue cette sûreté de jeu avec une paradoxale maîtrise; double jeu d'une égale justesse parce qu'en effet, le personnage est aussi combatif que démuni. Interloqué par un sale coup, une mauvaise nouvelle ou le revirement d'un comparse, il a un mouvement de stupeur, le front soudain se détend et des rides moins creuses le sang paraît refluer. La mobilité naturelle du visage est bloquée net; la surprise – toujours mauvaise – fige l'expression – on dit qu'elle nous glace. Quant au regard, on y voit l'éclair de rage

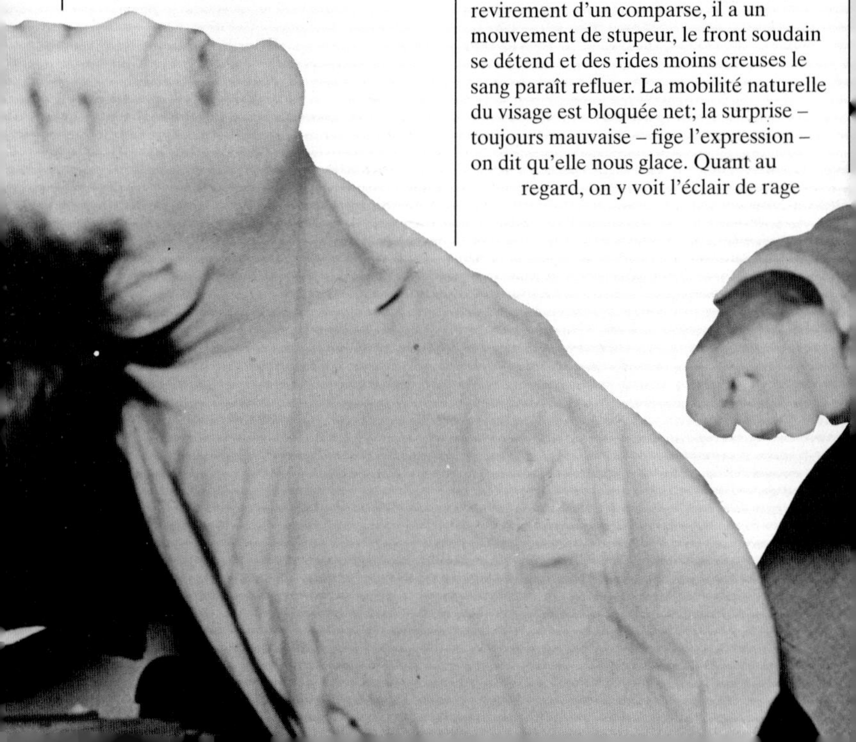

déchirant très vite le premier moment d'égarement.

Roy Earle est un personnage efficace et inefficace à la fois; Bogart se montrera donc tantôt ferme, tantôt défait, avec une constante efficacité.

De ce registre, le scénario de *Dark Passage* proposait à Bogart une autre variante. Le caractère oppressant de ce film tient à cette poisse qui colle à la peau de Vincent Parry. La ville elle-même (et avec elle, la presse) le poursuit sans relâche, et les murs de Los Angeles semblent le guetter, le reconnaître et réveiller sans répit le sentiment du crime et de l'erreur judiciaire. Dans ce réseau de coïncidences accablantes (ce film est une remarquable mise en scène de la vision complotaire propre à la paranoïa), Vincent Parry est pratiquement seul à pouvoir prouver son innocence, et il se débat plus qu'il ne se bat. Cette fois il s'agit de s'en sortir, là où Roy Earle avait l'échec en ligne de mire (exemple : Roy Earle a vite compris que ses jeunes acolytes ne seraient pas à la hauteur, ce qui ne l'empêche pas de les embarquer avec lui dans la même galère. Autre exemple : avec une émotion mal dissimulée, il admet à ses côtés le chien porteur de guigne qui le suit partout). Bref, Roy Earle est désespéré, Vincent Parry pathétique; l'interprétation de l'acteur devra se ressentir de cette différence. Les coups qu'il reçoit désarment Vincent Parry sans vraiment le surprendre; aussi le corps de l'acteur traduira un effort obstiné pour faire front, et de fait, il prend le coup de front, ce qui en accroît l'amplitude. Le dénuement n'engendre plus le sursaut rageur, mais une crispation accrue. Si le sang chez Roy Earle semblait refluer, c'est le souffle qui se fait court chez Vincent Parry. Après quoi Vincent Parry réagit comme si quelque glu encombrait ses mouvements, là où la vivacité de Roy Earle avait quelque chose de sourdement sifflant. Le corps de Bogart n'est occupé que de se cramponner dès lors que le personnage de Vincent Parry ne consent pas à être injustement traqué.

Scène caractéristique : il rend visite à la meurtrière qui autrefois l'a fait accuser. Naïf mais vibrant, il la somme de se livrer à la police, et brandit une enveloppe : «J'ai là toutes les preuves!» La réponse est aisée : il est seul, lui l'accusé, à connaître ces preuves… Abasourdi, il proteste, il a envie de bondir, mais il recule. La distance entre les deux corps se creuse, celui de Bogart semble pourtant rivé à l'adversaire, comme s'il n'en finira jamais d'encaisser pareil coup.

Dans *La mort n'était pas au rendez-vous*, Bogart interprète encore un personnage pris dans les filets d'une machination. Cette fois il en est responsable, et non victime, puisque sa femme, qu'il a cru avoir assassinée, en a réchappé. Par un jeu d'indices disposés de manière à lui faire douter de son propre crime, son entourage le conduira à retourner sur les lieux du crime, pour une fatale vérification. Dans ce rôle, Bogart ne se départit jamais de cet air soucieux qu'il excelle à traduire; le corps est plus que jamais fléchi, la nuque raidie par le pressentiment intérieur, qui entrave continuement la liberté de mouvement. Tant qu'il veut échapper à cette inquiétude, elle le tenaille d'autant plus, d'où ce jeu d'acteur mêlant fébrilité et lassitude. Sur l'interprétation de Bogart pèse ici une tension épaisse, opaque, une crispation consubstantielle au thème du criminel poursuivi par son crime, de l'homme traqué par lui-même.

L'expression du désarroi est plus modulée dans le mélodrame affectif de *Casablanca*. Auto-ironie venimeuse lorsque Rick égrène des bribes langoureuses de son amour défunt, ou lorsqu'on lui rappelle la noble Cause défendue par Victor Laszlo, l'époux de la femme aimée (Ingrid Bergman). Rappelons simplement la célèbre scène où Rick s'enivre après que soient partis les derniers clients de sa boîte de nuit, parmi lesquels la femme qu'il avait cherché à oublier plusieurs années durant. Elle vient le retrouver, tente de s'expliquer, l'échange est acerbe, elle claque la porte. Il étouffe un murmure, les lèvres se tordent à peine, et toute la plainte passe dans le poing qui se ferme et retombe. Lamentation retenue par le dépit qu'éveille la malchance inexpliquée.

Le poing se serre et retombe pareillement lorsque, quittant Paris

occupé, Rick apprend, au moment de monter dans le wagon, qu'elle ne le suivra pas. Ce geste impulsif clôt le flash-back évoquant le temps heureux de cet amour. Dès les premières images, Bogart nous apparaissait incroyablement métamorphosé. Certes l'intrigue et les dialogues requerraient la grâce et l'enjouement idylliques; mais ce qui frappe dans l'interprétation de Bogart, c'est sa traduction intime, épidermique – on pourrait parler ici d'un mystère du teint, d'un velouté des gestes, d'une luminosité du regard par la vertu d'une aura sereine étrangement recouvrée. Performance mimétique qui ne semblait pas relever du registre de Bogart. Après qu'ils aient dansé toute la nuit, Ingrid Bergman babille autour de lui. Effondré sur le canapé, la tête lourde, il finit par lui répondre : «J'étais juste en train de me demander pourquoi je suis si heureux.»

Bogart m'amuse rarement autant que lorsqu'il observe, avec le détachement qu'on lui connaît, quelqu'un d'empressé. Un exemple : au début de *Key Largo*, il s'accoude au bar de l'hôtel, une femme prise de boisson s'installe près de lui et déblatère. Bogart allume une cigarette, boit tranquillement son verre, tout en l'observant du coin de l'œil, lui répondant à sa manière laconique. Détachement qui ne va pas sans sympathie – que confirmera la suite; la mobilité des rides frontales traduit là une perplexité amusée, voire protectrice, en écho à la fébrilité de son interlocutrice.

Jean-Philippe Domecq,
*Projection privée*,
Pierre Bordas & Fils, 1981

# «Bonnie et Clyde»: un metteur en scène et son film

*Violemment controversé lors de sa sortie aux Etats-Unis en 1967, attaqué par une partie de la critique américaine, «Bonnie et Clyde» avait reçu un accueil triomphal lors de sa présentation au festival de Montréal. Son réalisateur Arthur Penn y exposa à chaud sa conception des films et de la violence à l'écran.*

Je n'accorde guère d'autre importance aux personnages originaux de Bonnie et de Clyde que le fait d'avoir inspiré notre scénario. Qu'ils aient été violents ou non, qu'ils provoquent ou non notre sympathie, cela importe peu. Ils ont fait partie d'un événement, ils étaient là quand il s'est produit. Ils sont à l'origine de notre film, mais notre film ne s'en tient pas là. Il ne s'agit pas de l'étude du cas Bonnie et Clyde : nous ne les pénétrons en aucune façon. Ils étaient hors-la-loi, ils furent balayés par les événements de leur époque, et ils y furent quelque chose.

En ce temps-là, il n'y avait pas de force de police fédérale, mais seulement des polices d'Etat. Quand Ford a fabriqué la V8, qui était assez puissante pour distancer toutes les automobiles des polices locales, les gangs ont commencé à se développer. Et ce fut là en fait l'origine du gang de Bonnie et Clyde. Ils vivaient dans leurs voitures – il n'était pas exceptionnel qu'ils parcourent sept ou huit cents kilomètres en une nuit, dans une de ces anciennes voitures. Ils y passaient littéralement leur vie. C'était vraiment leur lieu d'habitation. Bonnie écrivait ses poèmes en voiture, ils mangeaient des biscuits au gingembre en voiture, ils jouaient aux échecs en voiture : c'était leur maison. Dans la mythologie de l'Ouest américain, l'auto remplaçait le cheval comme symbole du hors-la-loi. Telle fut la transformation de l'homme de l'Ouest en gangster.

En même temps, ces populations rurales souffraient des affres de la dépression, qui se traduisaient par le déracinement des familles, la saisie des fermes et des maisons sous l'effet de la mainmise des banques représentée en partie par la police. Dans le contexte de notre film, Bonnie et Clyde furent poussés à jouer un rôle qui fit d'eux des héros populaires – des violateurs du statu quo. Des vengeurs du peuple. Et, dans ce contexte, on se fait leur «supporter» et, nous-mêmes, nous nous trouvons hélas, pour défendre une cause relativement bonne, être les «supporters» de gens qui, dans le cadre de cette bonne cause, sont appelés à commettre des actes de violence qui nous inspirent de la répulsion.

Quand un homme représente l'autorité (et je cite Mack Sennett), il est deux fois plus drôle de le voir glisser sur une peau de banane en uniforme qu'en civil. Et cela me semble définir l'essence du problème que nous débattons ici : c'est-à-dire que la violence exercée par exemple contre des gens de la même condition sociale que Bonnie et Clyde ne serait pas drôle, elle ne répondrait pas à cette impulsion freudienne cachée en chacun de nous qui est en somme de faire dégringoler un échelon aux forces de l'autorité. Et si, dans ce cas, Bonnie et Clyde leur en faisaient dégringoler plusieurs, c'était nécessairement drôle. Il est regrettable que nous trouvions cela drôle, mais c'est drôle. Quand le Président dit une parole plutôt banale, c'est drôle, quand c'est quelqu'un drôle, ce n'est pas drôle.

Je ne pense pas qu'il soit drôle de voir tuer des policiers, quoique je ne veuille pas dire qu'il n'y ait pas une conséquence comique dans des choses plutôt horribles. J'ai fait une longue guerre, qui était assez horrible et assez comique. Il n'y a pas de problème : la violence a un corrélatif immédiat et constant : le comique. Ils sont présents tous les deux, en quantité à peu près égale – j'en ai fait personnellement l'expérience, et c'est ce que nous avons essayé de recréer dans ce film. Les meurtres sont de moins en moins drôles et de plus en plus circonstanciés, parce qu'ils commencent à être identifiés avec les meurtriers, et en ce sens nous commençons à comprendre les motivations du meurtre. Le crime devient moins impersonnel, donc moins comique.

A propos de *Bonnie and Clyde* et de mes autres films (*The Left-Handed Gun*, *The Miracle Worker*, *Michey One*, *The*

*Chase*), je voudrais dire qu'à mon avis la violence fait partie du caractère de l'Amérique. Cela a commencé avec le western, la «frontière». L'Amérique est un pays où les gens réalisent leurs idées par des moyens violents – nous n'avons pas de tradition de persuasion, d'idéalisme, ni de légalité.

Regardons les choses en face : Kennedy a été abattu. Nous sommes au Vietnam, à abattre des gens et à nous y faire abattre. De toute ma vie, je n'ai connu aucun moment où nous ayons cessé de faire la guerre. Les gangsters étaient tout-puissants quand j'étais jeune; j'ai fait la guerre à dix-huit ans, puis il y a eu la Corée, et maintenant le Vietnam. Nous vivons dans une société de violence. Ce n'est pas la Grèce, ce n'est pas Athènes, ce n'est pas la Renaissance – c'est la société américaine, et je la définirai en disant qu'elle est violente. Pourquoi ne pas faire de films là-dessus?

On ne peut pas, je pense, poser en *a priori* que, parce que j'ai de fortes tendances pacifistes, je dois me contenter de montrer des comportements pacifistes. Je pense que ce serait de l'hypocrisie. En fait, mon caractère (ou ma nature), pacifiste me rend peut-être plus profondément sensible à la violence mise en œuvre chez l'homme, et en somme, elle ne m'en intéresse que davantage. Je me trouve contraint de l'expliquer – de m'occuper d'elle. C'est peut-être que je suis un lâche : je veux dire que je ne commettrais aucune de ces actions – je n'aime pas me battre – mais le spectacle d'un combat m'intéresse.

Ce que je voulais dire dans *Mickey One*, par exemple, c'était que nous vivons dans une époque de violence – nous passons une sorte de contrat avec la violence pendant notre propre vie. Nous sommes dans une ère de violence. Et je

dois préciser que je n'entends pas «violence» dans son seul sens péjoratif, dans ses seuls aspects négatifs. Prendre l'avion et être à Montréal en une heure, c'est une expérience violente, c'est une agression des sens. C'est une agression des sens que de prendre une auto et de conduire : c'est une agression des sens que de faire presque tout ce que nous faisons. C'est le caractère du monde moderne.

Il s'agit là de quelque chose qui a une grande place dans notre société, dont on ne parle pas, mais que tout le monde connaît. De même, nous faisons tout ce bruit autour de la marijuana et du L.S.D., de toutes les drogues hallucinogènes. Mais le cinéma a toujours dix ans de retard sur son époque. Le cinéma ne s'en occupe pas et pourtant les gamins de treize ou quatorze ans en parlent – ils fument de «l'herbe». Regardons les choses en face : il faudrait s'en occuper, cela fait partie des mœurs de notre époque.

Je m'intéresse moins à la scène et davantage au cinéma. Le théâtre de

Broadway ne s'adresse qu'au public restreint qui peut payer dix dollars pour voir *Comment réussir en affaires*. Ce n'est donc pas un public sérieux, et on ne peut y faire un travail sérieux. Cela ne veut pas dire qu'il ne soit pas agréable d'y travailler : on peut y gagner très bien sa vie pour faire des films qui ne rapportent pas forcément beaucoup d'argent.

Regardons les choses en face : il n'y a pas de pièces sérieuses à Broadway. La pièce prétendument sérieuse a un air majestueux et littéraire, mais elle n'attaque aucune des valeurs fondamentales de son public. Le cinéma le fait : il a un effet à un niveau très personnel, comme un livre ou un poème. Le théâtre n'a pas cet effet. Si nous dépendons tous de ce même public de Broadway, nous serions tous réduits en cinq ans à un genre de films bien étriqué – je veux dire que le théâtre à New York en est réduit à la comédie musicale. On y vient, on travaille six ou sept semaines – si c'est un succès, on touche un bon pourcentage sur le reste de la saison. Alors on s'en va faire un film.

Dans l'histoire et la mythologie de Bonnie Parker et Clyde Barrow, on trouve des opinions différentes sur leur sexualité. Nous avons choisi le caractère d'impuissance relative chez Clyde, comme une situation assez semblable à ce qu'était, à mon sens, leur vie à cette époque dans le Sud-Ouest. C'est une société particulièrement puritaine – particulièrement rigide et moraliste – et nous avons essayé de distinguer entre la moralité rigoriste qui peut très bien rendre un homme impuissant en ce qui concerne sa vie privée, tandis qu'il franchit toutes les bornes de la morale dans sa vie publique, tout en se sentant en accord avec soi-même. Cela ressemble assez, je crois, à ce que l'on peut voir de nos jours dans le Sud des Etats-Unis : une société pratiquante, très moralisatrice, très puritaine, qui a intégré en soi, de façon indissoluble, une forme de violence contre d'autres êtres humains qui, vue de l'extérieur, semble absolument intolérable. C'est cette sorte de dissemblance – entre la rigueur privée et la violence publique – que nous avons essayé de décrire dans ce film.

Arthur Penn, 1967.

Ce texte est une transcription de la conférence de presse d'Arthur Penn lors du festival de Montréal.
(traduit de l'anglais par Jeannine Ciment)

## FILMOGRAPHIE/INDEX

Cette filmographie, comme l'ensemble du volume, ne traite que des films criminels américains et ne tient compte, sauf très rares exceptions, ni des films d'espionnage, ni des films politiques à intrigue criminelle. Les autres films cités dans le volume figurent dans l'index général. Lorsque seul le titre original est mentionné, il s'agit de films dont le titre n'a pas été traduit ou qui sont inédits en France. Les titres de films précédés d'un astérisque correspondent aux films cités dans le texte.

### A

* *After hours* (1986). R. Martin Scorsese. Int. Griffin Dunne, Rosanna Arquette, Verna Bloom 127, *127*.

*Al Capone* (1959). R. Richard Wilson. Int. Rod Steiger, Fay Spain, James Gregory.

*Alibi Meurtrier/Naked Alibi* (1954). R. Jerry Hopper. Int. Sterling Hayden, Gloria Grahame, Gene Barry.

*Allo Brigade spéciale/Experiment in Terror* (1962). R. Blake Edwards. Int. Glenn Ford, Lee Remick, Stephanie Powers.

*Allo... l'assassin vous parle/The Third Voice* (1960). R. Hubert Cornfield. Int. Edmond O'Brien, Julie London, Laraine Day.

* *Amants de la nuit (les)/They Live by Night* (1949). R. Nicholas Ray. Int. Farley Granger, Cathy O'Donnell, Jay C. Flippen 88.

* *Amants du capricorne (les)/Under Capricorn* (1949). R. Alfred Hitchcock. Int. Ingrid Bergman, Joseph Cotten, Michael Wilding 96.

*American Gigolo* (1975). R. Paul Schrader. Int. Richard Gere, Lauren Hutton, Hector Elizondo.

*Angel Heart* (1987). R. Alan Parker. Int. Mickey Rourke, Robert DeNiro, Lisa Bonet.

*Ange noir (l')/Black Angel* (1946). R. Roy William Neill. Int. Dan Duryea, June Vincent, Peter Lorre.

* *Anges aux figures sales (les)/Angels with Dirty Faces* (1938). R. Michael Curtiz. Int. James Cagney, Pat O'Brien, Humphrey Bogart 49, *49*.

*Année du dragon (l')/Year of the Dragon* (1985). R. Michael Cimino. Int. Mickey Rourke, John Lone, Ariane.

*Anti-gang (l')/Sharkey's Machine* (1982). R. Burt Reynolds. Int. Burt Reynolds, Vittorio Gassman, Rachel Ward.

* *Appellez-moi M. Tibbs/They Call Me Mr Tibbs* (1970). R. Gordon Douglas. Int. Sidney Poitier, Martin Landau, Barbara Mac Naire 116.

* *Appellez Northside 777/Call Northside 777* (1948). R. Henry Hathaway. Int. James Stewart, Richard Conte, Lee J. Cobb 63.

* *Arabesque* (1966). R. Stanley Donen. Int. Gregory Peck, Sophia Loren, Alan Badel *127*.

*Argent de la banque (l')/The silent Partner* (1978). R. Daryl Duke. Int. Elliot Gould, Christopher Plummer, Susannah York.

*Arme fatale (l)/Lethal weapon* (1987). R. Richard Donner. Int. Mel Gibson, Danny Glover, Joe Pesci.

* *Arnaque (l)/The Sting* (1973). R. George Roy Hill. Int. Paul Newman, Robert Redford, Robert Shaw 127, *127*.

* *Arnaqueurs (les)/The Grifters* (1990). R. Stephen Frears. Int. Anjelica Huston, Annette Benning, John Cusack 124, *125*.

*Arsenic et vieille dentelle/Arsenic and Old Lace* (1944). R. Frank Capra. Int. Cary Grant, Raymond Massey, Peter Lorre.

*Assassin est-il coupable (l')/Warning Shot* (1966). R. Buzz Kulik. Int. David Janssen, Lillian Gish, Keenan Wynn.

*Assaut/Assault on Precinct 13* (1976). R. John Carpenter. Int. Austin Stoker, Darwin Joston, Laurie Zimmer.

*Association criminelle/ The Big Combo* (1955). R. Joseph H. Lewis. Int. Cornel Wilde, Richard Conte, Brian Donlevy.

*Assommeur (l')/Thunderbolt* (1929). R. Joseph von Sternberg. Int. George Bancroft, Fay Wray, Richard Arlen.

* *Assurance sur la mort/Double Indemnity* (1944). R. Billy Wilder. Int. Barbara Stanwyck, Fred Mac Murray, Edward G. Robinson *59*, 60, 62, 76, *76*, *91*.

*A terrible discovery* (1912). R. D.W. Griffith.

*Attaque du grand rapide (l')/The Great Train Robbery* (1903). R. Edwin S. Porter.

* *Autopsie d'un meurtre/Anatomy of a Murder* (1959). R. Otto Preminger. Int. James Stewart, Lee Remick, Ben Gazzara 84.

*Avec les compliments de Charlie/Love and Bulletts* (1978). R. Stuart Rosenberg. Int. Charles Bronson, Jill Ireland, Rod Steiger.

## B

*Baby Face Nelson.* Voir *L'Ennemi Public.*

*Baiser du tueur (le)/Killer's Kiss* (1955). R. Stanley Kubrick. Int. Franck Silvera, Jamie Smith, Irene Keane.

* *Balade sauvage (la)/Badlands* (1974). R. Terence Malick. Int. Martin Sheen, Sissy Spacek, Warren Oates 102, *103*.

*Bal des vauriens (le)/The Killing of a Chinese Bookie* (1976). R. John Cassavetes. Int. Ben Gazzara, Meade Roberts, David Rowlands.

* *Bande de flics/The Choirboys* (1979). R. Robert Aldrich. Int. Charles Dunning, Lou Gossett Jr, Perry King 114.

*Bas-fonds de Frisco (les)/Thieves' Highway* (1949). R. Jules Dassin. Int. Richard Conte, Valentina Cortese, Lee J. Cobb.

* *Bas-fonds new-yorkais (les)/Underwold USA* (1961). R. Samuel Fuller. Int. Cliff Robertson, Dolores Dorn, Beatrice Kay 72, *88*.

*Bas les masques!/Deadline USA* (1952). R. Richard Brooks. Int. Humphrey Bogart, Ethel Barrymore, Kim Hunter.

*Bête de la cité (la)/The Beast of the City* (1932). R. Charles Brabin. Int. Walter Huston, Jean Harlow, Wallace Ford.

*Big Easy/The Big Easy* (1986). R. Jim Mc Bride. Int. Dennis Quaid, Ellen Barkin, Ned Beatty.

*Big Fix (the)* (1978). R. Jeremy Paul Kagan. Int. Richard Dreyfus, Susan Anspach, Bonnie Bedelia.

*Big House/The Big House* (1930). R. George W. Hill. Int. Chester Morris, Wallace Beery, Robert Montgomery.

*Billy Bathgate* (1991). R. Robert Benton. Int. Dustin Hoffman, Nicole Kidman, Loren Dean.

*Big Trouble* (1985). R. John Cassavetes. Int. Peter Falk, Alan Arkin, Beverly d'Angelo.

* *Bloody Mama* (1970). R. Roger Corman. Int. Shelley Winters, Diane Versi, Don Stroud 103.

*Blow out* (1981). R. Brian de Palma. Int. John Travolta, Nancy Allen, John Lithgow.

* *Blue Steel* (1989). R. Kathryn Bigelow. Int. Jamie Lee Curtis, Ron Silver, Clancy Brown 116.

* *Blue Velvet* (1987). R. David Lynch. Int. Kyle Mac Lachlan, Isabella Rossellini, Dennis Hopper 123.

* *Body Double* (1984). R. Brian de Palma. Int. Craig Wasson, Melanie Griffith, Greg Henry 125.

* *Bon pour la morgue/D.O.A.* (1949). R. Rudolph Maté. Int. Edmond O'Brien, Pamela Britton, Luther Adler 77.

* *Bonnie et Clyde/Bonnie and Clyde* (1967). R. Arthur Penn. Int. Warren Beatty, Faye Dunaway, Michael J. Pollard 101, *101*, 102.

*Bonnie Parker Story (the)* (1958). R. William Witney. Int. Dorothy Provine, Jock Hogan, Richard Bakalyan.

* *Boomerang* (1947). R. Elia Kazan. Int. Dana Andrews, Jane Wyatt, Lee J. Cobb 63, *63*.

*Bootleggers (les)/While Lightning* (1973). R. Joseph Sargent. Int. Burt Reynolds, Jennifer Bilingsley, Ned Beatty.

*Bouclier du crime (le)/Shield for Murder* (1954). R. Edmond O'Brien et Howard Koch. Int. Edmond O'Brien, John Agar, Carolyn Jones.

* *Boulevard du crépuscule/Sunset Boulevard* (1950). R. Billy Wilder. Int. William Holden, Gloria Swanson, Erich von Stroheim 77, *77*.

*Brannigan* (1975). R. Douglas Hickox. Int. John Wayne, Richard Attenborough, Judy Geeson.

*Brigade des stupéfiants, (la)/Port of New York*. R. Laszlo Benedek. Int. Scott Brady, Richard Rober, K.T. Stevens.

* *Brigade du suicide (la)/T Men* (1947). R. Anthony Mann. Int. Dennis O'Keefe, Mary Meade, Alfred Ryder 63.

*Brubaker* (1980). R. Stuart Rosenberg. Int. Robert Redford, Japhet Kotto, Jane Alexander.

*Bugsy* (1991). R. Barry Levinson. Int. Warren Beatty, Annette Benning, Ben Kingsley.

* *Bullitt* (1968). R. Peter Yates. Int. Steve Mc Queen, Robert Vaughn, Jacqueline Bisset 111, 113.

## C

* *Ca commence à Vera Cruz/The Big Steal* (1949). R. Don Siegel. Int. Robert Mitchum, Jane Greer, William Bendix *79*.

*Cadavres ne portent pas de costard (les)/Dead Men Don't Wear Plaid* (1982). R. Carl Reiner. Int. Steve Martin, Rachel Ward, Carl Reiner.

*Cambrioleur (le)/The Burglar* (1957). R. Paul Wendkos. Int. Dan Duryea, Jayne Mansfield, Martha Vickers.

*Canardeurs (le)/Thunderbolt and Lightfoot* (1974) R. Michael Cimino. Int Clint Eastwood, Jeff Bridges, George Kennedy.

*Carnage/Primecut* (1972) R. Michael Ritchie. Int. Lee Marvin, Gene Hackman, Angel Tomkins.

*Carrefour de la mort (le)/Kiss of Death* (1947). R. Henry Hathaway. Int. Victor Mature, Richard Widmark, Brian Donlevy.

* *Carrefours de la ville (les)/City Streets* (1931). R. Rouben Mamoulian. Int. Gary Cooper, Sylvia Sidney, Paul Lukas *40*, 41.

*Casier judiciaire/You and Me* (1938). R. Fritz Lang. Int. Sylvia Sidney, George Raft, Harry Carey.

*Cellule 2455 couloir de la mort/ Cell 2455 Death Row* (1955). R. Fred F. Sears. Int. William Campbell, Robert Campbell, Marian Carr.

* *Champion (le)/Champion* (1949). R. Mark Robson. Int. Kirk Douglas, Arthur Kennedy, Marilyn Maxwell *87*.

* *Charade* (1963). R. Stanley Donen. Int. Cary Grant, Audrey Hepburn, Walter Matthau *127*.

*Chasse (la)/Cruising* (1980). R. William Friedkin. Int. Al Pacino, Paul Sorvino, Karen Allen.

*Chat connaît l'assassin (le)/The Late Show* (1976). R. Robert Benton. Int. Art Carney, Lily Tomlin, Howard Duff.

* *Chiens de paille (les)/Straw Dogs* (1971). R. Sam Peckinpah. Int. Dustin Hoffman, Susan George, Peter Vaughan 126.

* *Chinatown* (1974). R. Roman Polanski. Int. Jack Nicholson, Faye Dunaway, John Huston 122, *122*.

* *Chute d'un caïd (la)/The Rise and Fall of Legs Diamond* (1960). R. Budd Boetticher. Int. Ray Danton, Karen Steele, Elaine Stewart 72.

*Cible (la)/Targets* (1968). R. Peter Bogdanovich. Int. Boris Karloff, Tim O'Kelly, James Brown.

*Cinq heures de terreur/Terror on a Train* (1953). R. Ted Tetzlaff. Int. Glenn Ford, Anne Vernon, Maurice Denham.

*Cinquième victime (la)/While the City Sleeps* (1956). R. Fritz Lang. Int. Dana Andrews, Rhonda Fleming, Ida Lupino.

*Cité des dangers (la)/Hustle* (1975). R. Robert Aldrich. Int. Burt Reynolds, Catherine Deneuve, Paul Winfield.

* *Cité sans voile (la)/The Naked City* (1948). R. Jules Dassin. Int. Barry Fitzgerald, Don Taylor, Howard Duff 68, *68, 85, 88*.

* *Clé de verre (la)/The Glass Key* (1935). R. Frank Tuttle. Int. George Raft, Edward Arnold, Claire Dodd.

*Clé de verre (la)/The Glass Key* (1942). R. Stuart Heisler. Int. Alan Ladd, Veronica Lake, Brian Donlevy *56*.

* *Club des trois (le)/The Unholy Three* (1925). R. Tod Browning. Int. Lon Chaney, Harry Earles, Victor Mac Laglen 25.

*Code criminel (le)/The Criminal Code* (1930). R. Howard Hawks. Int. Walter Huston, Philip Holmes, Constance Cummings.

*Colors* (1988). R. Dennis Hopper. Int. Sean Penn, Robert Duvall, Marie Conchita Alonso.

*Comment tuer votre femme/How to Murder Your Wife* (1964). R. Richard Quine. Int. Jack

Lemmon, Virna Lisi, Terry Thomas.
*Comme un chien enragé/At Close Range* (1986). R. James Foley. Int. Sean Penn, Christopher Walken, Mary Stuart Masterson.

*Complot de famille/Family Plot* (1976). R. Alfred Hitchcock. Int. Karen Black, Bruce Dern, Barbara Harris.

* *Contre enquête/Q and A* (1989). R. Sidney Lumet. Int. Nick Nolte, Timothy Hutton, Armand Assante 114.

*Contre toute attente/Against all Odds* (1984). R. Taylor Hackford. Int. Rachel Ward, Jeff Bridges, James Woods.

* *Conversation secrète/The Conversation* (1974). R. Francis F. Coppola. Int. Gene Hackman, John Cazale, Allen Garfield 119.

*Cop* (1987). R. James B. Harris. Int. James Woods, Lesley Ann Warren, Charles Durning.

* *Corde (la)/Rope* (1948). R. Alfred Hitchcock. Int. James Stewart, Farley Granger, John Dahl 97.

*Corde raide (la)/Tightrope* (1984). R. Richard Tuggle. Int. Clint Eastwood, Geneviève Bujold, Dan Hedaya.

*Corruption, l'ordre et la violence (la)/The Glass House* (1972). R. Tom Gries. Int. Alan Alda, Vic Morrow, Clu Gulager.

*Cosa Nostra/The Vallachi Papers* (1972). R. Terence Young. Int. Charles Bronson, Fred Valleca, Walter Chiari.

* *Coup de l'escalier (le)/Odds against Tomorrow* (1959). R. Robert Wise. Int. Harry Belafonte, Robert Ryan, Gloria Grahame *67*, 70.

*Cri de terreur/Cry Terror* (1958). R. Andrew L. Stone. Int. James Mason, Rod Steiger, Inger Stevens.

*Crime était presque parfait (le)/The Unsuspected* (1947). R. Michael Curtiz. Int. Joan Caufield, Claude Rains, Audrey Totter

* *Crime était presque parfait (le)/Dial M for Murder.* R. Alfred Hitchcock. Int. Ray Milland, Grace Kelly, Robert Cummings.94.

*Crime passionnel/Fallen Angel* (1945). R. Otto Preminger. Int. Dana Andrews, Alice Faye, Linda Darnell.

*Crime société anonyme/Murder inc.* (1960). R. Burt Balaban et Stuart Rosenberg. Int. May Britt, Stuart Whitman, Peter Falk.

*Criminel (le)/The Criminal* (1946). R. Orson Welles. Int. Orson Welles, Loretta Young, Edward G. Robinson.

* *Criminels (les)/The Criminal* (1960). R. Joseph Losey. Int. Stanley Baker, Sam Wanamaker, Margit Saad 70, *70*.

## D

*Dahlia bleu (le)/The Blue Dahlia* (1946). R. George Marshall. Int. Alan Ladd, Veronica Lake, Hugh Beaumont.

* *Dame de Shanghai (la)/The Lady from Shanghai* (1947). R. Orson Welles. Int. Orson Welles, Rita Hayworth, Everett Sloane 79, 90, *90*.

* *Dame du lac (la)/Lady in the Lake* (1947). R. Robert Montgomery. Int. Robert Montgomery, Audrey Totter, Lloyd Nolan 80, *81*, 89.

* *Dangereuse sous tous rapports/Something Wild* (1986). R. Jonathan Demme. Int. Melanie Griffith, Jeff Daniels, Ray Liotta *127*.

*Dans la chaleur de la nuit/In the Heat of the Night* (1967). R. Norman Jewison. Int. Sidney Poitier, Rod Steiger, Warren Oates 115, *117*.

*Dans la gueule du loup/The Mob* (1951). R. Robert Parrish. Int. Broderick Crawford, Betty Buehler, Richard Kiley.

* *Dans la ville endormie/While the City Sleeps* (1928). R. Jack Conway. Int. Lon Chaney, Anita Page, Carroll Nye *25*.

*Dead again* (1992). R. Kenneth Branagh. Int. Kenneth Branagh, Andy Garcia, Hanna Schygulla.

*Dead Bang* (1988). R. John Franhenheimer. Int. Don Johnson, Penelope Ann Miller, William Forsythe.

* *Démon des armes (le)/Gun Crazy* (1950). R. Joseph H. Lewis. Int. Peggy Cummins, John Dahl, Morris Carnovsky 72, 88.

* *Démons de la liberté (les)/Brute Force* (1947). R. Jules Dassin. Int. Burt Lancaster, Hume Cronyn, Charles Bickford *68*, 70.

* *Dernière cible (la)/The Dead Pool* (1988). R. Buddy van Horne. Int. Clint Eastwood, Patricia Clarkson, Liam Neeson 112.

*Dernière rafale (la)/The Street with no Name* (1948). R. William Keighley. Int. Mark Stevens, Richard Widmark, Lloyd Nolan.

*Dernier gangster (le)/The Last Gangster* (1937). R. Edward Ludwig. Int. Edward G. Robinson, Rose Stradner, James Stewart.

* *De sang froid/In Cold Blood* (1967). R. Richard Brooks. Int. Robert Blake, Scott Wilson, John Forsythe *101*.

* *Désirs humains/Human Desire* (1954). R. Fritz Lang. Int. Glenn Ford, Gloria Grahame, Broderick Crawford *93*.

* *Détective (le)/The Detective* (1968). R. Gordon Douglas. Int. Frank Sinatra, Lee Remick, Jacqueline Bisset *118*.

* *Détective privé/The Moving Target, Harper* (1966). R. Jack Smight. Int. Paul Newman, Lauren Bacall, Julie Harris 117, *118*.

* *Detour* (1945). R. Edgar G. Ulmer. Int. Tom Neal, Ann Savage, Claudie Drake.

*Deux mains, la nuit/The Spiral Staircase* (1946). R. Robert Siodmak. Int. Dorothy McGuire, George Brent, Ethel Barrymore.

*Deux rouquines dans la bagarre/Slightly Scarlet* (1956). R.: Allan Dwan. Int. John Payne, Arlene Dahl, Rhonda Fleming.

*Dillinger* (1945). R. Max Nosseck. Int. Lawrence Tierney, Edmund Lowe, Anne Jeffreys

*Dillinger* (1973). R. John Millius. Int. Warren Oates, Ben Johnson, Michèle Phillips.103.

*Dollars* (1971). R. Richard Brooks. Int. Warren Beatty, Goldie Hawn, Gert Froebe.

*Double énigme (la)/The Dark Mirror* (1946). R. Robert Siodmak. Int. Olivia de Havilland, Lew Ayres, Thomas Mitchell.

*Du plomb pour l'inspecteur/Pushover* (1954). R. Richard Quine. Int. Fred Mac Murray, Kim Novak, Phil Carey.

## E

*Emprise du crime (l')/The Strange love of Martha Ivers* (1946). R. Lewis Milestone. Int. Barbara Stanwyck, Van Heflin, Lizabeth Scott.

**Enfer de la corruption (l')/Force of Evil* (1948). R. Abraham Polonsky. Int. John Garfield, Beatrice Pearson, Thomas Gomez 71.

* *Enfer est à lui (l')/White Heat* (1949). R. Raoul Walsh. Int. James Cagney, Virginia Mayo, Edmond O'Brien 15, 71, *71*, 72.

* *Engrenages/House of Games* (1987). R. David Mamet. Int. Lindsay Crouse, Joe Mantegna, Mike Nussbaum *127*.

*Enigme du Chicago Express (l')/The Narrow Margin* (1952). R. Richard Fleischer. Int. Charles McGraw, Marie Windsor, Jacqueline White.

* *En marge de l'enquête/Dead Reckoning* (1947). R. John Cromwell. Int. Humphrey Bogart, Lizabeth Scott, Morris Carnovsky 77.

*Ennemi public (l')/The Public Enemy* (1931). R. William A. Wellman. Int. James Cagney, Jean Harlow, Edward Woods 17, *32*, 33, *35*, *37*, 48, *93*.

* *Ennemi public (l')/Baby Face Nelson* (1957). R. Don Siegel. Int. Mickey Rooney, Carolyn Jones, sir Cedric Hardwicke 72

* *En quatrième vitesse/Kiss me Deadly* (1955). R. : Robert Aldrich. Int. Ralph Meeker, Albert Dekker, Paul Stewart *72*, 73, 83.

*Enquête (l')/Sylvia* (1965). R. Gordon Douglas. Int. Carroll Baker, George Maharis, Peter Lawford.

*Etrange rêve (l')/Blind Alley* (1939). R. Charles Vidor. Int. Chester Morris, Ralph Bellamy, Ann Dvorak.

*Etrangleur de Boston (l')/The Boston Strangler* (1968). R. Richard Fleischer. Int. Tony Curtis, Henry Fonda, George Kennedy.

*Et tournent les chevaux de bois/Ride the Pink*

*Horse* (1947). R. Robert Montgomery. Int. Robert Montgomery, Thomas Gomez, Wanda Hendricks.

*Evadé d'Alcatraz (l')/Escape from Alcatraz* (1979). R. Don Siegel. Int. Clint Eastwood, Patrick McGowan, Robert Blossom.

*Evadée (l')/Woman Wanted* (1935). R. George B. Seitz. Int. Maureen O'Sullivan, Joël McCrea.

*Extrême préjudice/Extreme Prejudice* (1986). R. Walter Hill. Int. Nick Nolte, Powers Boothe, Michael Ironside.

## F

*Face au crime/Crime in the Streets* (1956). R. Don Siegel. Int. James Whitmore, John Cassavetes, Sal Mineo.

* *Facteur sonne toujours deux fois (le)/The Postman always Rings Twice* (1946). R. Tay Garnett. Int. Lana Turner, John Garfield, Cecil Kellaway 61, *63*, 77.

* *Facteur sonne toujours deux fois (le)/The Postman always Rings Twice* (1980). R. Bob Rafelson. Int. Jack Nicholson, Jessica Lange, John Collicos 123.

* *Fantastiques années 20 (les)/The Roaring Twenties* (1939). R. Raoul Walsh. Int. James Cagney, Priscilla Lane, Humphrey Bogart 14, 50, *50*.

*Fast Walking* (1981). R. James B. Harris. Int. James Woods, Tim McIntire, Kay Lenz.

* *Fatal Hour (the)* (1908). R. D.W. Griffith 16.

*Faucon Maltais (le)/The Maltese Falcon* (1931). R. Roy del Ruth. Int. Ricardo Cortez, Bebe Daniels, Dudley Digges.

* *Faucon Maltais (le)/The Maltese Falcon* (1941). R. John Huston. Int. Humphrey Bogart, Mary Astor, Sidney Greenstreet 51, *53*, 54, 55, *55*, 56, 57, *57*, *59*, 60, *65*.

*Fauve en liberté (le)/Kiss Tomorrow Goodbye* (1950). R. Gordon Douglas. Int. James Cagney, Barbara Payton, Helena Carter.

* *Faux coupable (le)/The Wrong Man* (1957). R. Alfred Hitchcock. Int. Henry Fonda, Vera Miles, Anthony Quayle 97.

* *Femme à abattre (la)/The Enforcer* (1950) R. Raoul Walsh. Int. Humphrey Bogart, Everett Sloane, Zero Mostel 71.

*Femme au gardenia (la)/The Blue Gardenia* (1953). R. Fritz Lang. Int. Anne Baxter, Richard Conte, Ann Sothern.

* *Femme au portrait (la)/The Woman in the Window* (1944). R. Fritz Lang. Int. Edward G. Robinson, Joan Bennett, Raymond Massey *59*, 62, *62*, *89*, 90.

*Femme aux cigarettes (la)/Road House* (1948). R. Jean Negulesco. Int. Ida Lupino, Cornel Wilde, Richard Widmark.

*Femme en ciment (la)/The Lady in Cement* (1968). R. Gordon Douglas. Int. Frank Sinatra, Raquel Welch, Richard Conte.

*Femmes marquées/Marked Women* (1937). R. Lloyd Bacon. Int. Bette Davis, Humphrey Bogart, Eduardo Ciannelli.

* *Fenêtre sur cour/Rear Window* (1954). R. Alfred Hitchcock. Int. James Stewart, Grace Kelly, Wendell Corey 94, *94*.

* *Fièvre au corps (la)/Body Heat* (1981). R. Lawrence Kasdan. Int. William Hurt, Kathleen Turner, Richard Crenna 124.

* *Flic de Beverly Hills (le)/Beverly Hills Cop* (1984). R. Martin Brest. Int. Eddie Murphy, Judge Reinhold, Lisa Eilbacher 116, *117*.

* *Flics et voyous/Cops and Robbers* (1974). R. Aram Avakian. Int. Cliff Gorman, Joe Bologna, Dick Ward *127*.

* *Flics ne dorment pas la nuit (les)/The New Centurions* (1972). R. Richard Fleischer. Int. Stacy Keach, George C. Scott, Jane Alexander 114.

*Forêt pétrifiée (la)/The Petrified Forest* (1936). R. Archie Mayo. Int. Leslie Howard, Bette Davis, Humphrey Bogart.

* *Forfaiture/The Cheat* (1915). R. : Cecil B. DeMille. Int. Fanny Ward, Jack Dean, Sessus Hayakawa *23*.

* *For love of Gold* (1908). R. D. W. Griffith.

* *Frantic* (1987). R. Roman Polanski. Int. Harrison Ford, Emmanuelle Seigner, Betty Buckley 17.

* *French connection/The French Connection*.(1971). R. William Friedkin. Int. Gene Hackman, Roy Scheider, Fernando Rey 113, 114, *115*.

* *French connection II/The French Connection II* (1975). R. John Frankenheimer. Int. Gene Hackman, Bernard Fresson, Fernando Rey 114.

* *Frères Rico (les)/The Brothers Rico* (1957). R. Phil Karlson. Int. Richard Conte, Kathryn Grant, James Darren 72.

* *Fugue (la)/Night Moves* (1975). R. Arthur Penn. Int. Gene Hackman, Jennifer Warren, Susan Clark 122.

*Fureur sur la ville/The Sound of Fury* (1950). R. Cy. Endfield. Int. Frank Lovejoy, Lloyd Bridges, Kathleen Ryan.

* *Furie/Fury* (1936). R. Fritz Lang. Int. Spencer Tracy, Sylvia Sidney, Walter Abel 45, *47*.

## G

* *Gangsters and the Girl (the)* (1914). R. Scott Sidney. Int. Elizabeth Burbridge, Arthur Jarrett, Charles Roy 24.

*Gang Anderson (le )/The Anderson Tapes* (1971). R. Sidney Lumet. Int. Sean Connery, Dyan Cannon, Martin Balsam.

*Génie du mal (le)/Compulsion* (1959). R. Richard Fleischer. Int. Orson Welles, Diane Varsi, Dean Stockwell.

* *Gilda* (1946). R. Charles Vidor. Int. Rita Hayworth, Glenn Ford, George Macready 89.

*Grand alibi (le)/Stage Fright* (1950). R. Alfred Hitchcock. Int. Jane Wyman , Marlène Dietrich, Richard Todd.

* *Grand chantage (le)/Sweet Smell of Success* (1957). R. Alexander Mackendrick. Int. Burt Lancaster, Tony Curtis, Susan Harrison 72, 73.

*Grand Couteau (le)/The Big Knife* (1955). R. Robert Aldrich. Int. Jack Palance, Ida Lupino, Rod Steiger.

* *Grand sommeil (le)/The Big Sleep* (1946). R. Howard Hawks. Int. Humphrey Bogart, Lauren Bacall, Martha Vickers 60, *61*.

* *Grand sommeil (le)/The Big Sleep* (1978). R. Michael Winner. Int. Robert Mitchum, Sarah Miles, Oliver Reed 122.

* *Grande Evasion (la)/High Sierra* (1941). R. Raoul Walsh. Int. Humphrey Bogart, Ida Lupino, Arthur Kennedy *50*, 51, *68, 71*.

*Grande fenêtre (la)/The Brasher Dobloon* (1947). R. John Brahm. Int. George Montgomery, Nancy Guild, Conrad Janis.

* *Griffe du passé (la)/Out of the Past* (1947). R. Jacques Tourneur. Int. Robert Mitchum, Kirk Douglas, Jane Greer 78, *79*, 88.

* *Guerre au crime/Bullets or Ballots* (1936). R. William Keighley. Int. Edward G. Robinson, Joan Blondell, Humphrey Bogart 42.

*Guerre des Bootleggers (la)/The Moonshine War* (1970). R. Richard Quine. Int. Patrick Mac Goohan, Richard Widmark, Alan Alda.

* *Guerriers de l'enfer (les)./ Who'll Stop the Rain* (1978). R. Karel Reisz. Int. Nick Nolte, Tuesday Weld, Michael Moriarty *111*.

*Guet-apens (le)/The Getaway* (1972). R. Sam Peckinpah. Int. Steve Mc Queen, Ali Mac Graw, Ben Johnson.

## H

* *Haines/The Lawless* (1950). R. Joseph Losey. Int. Mac Donald Carey, Gail Russell, John Sands *79*.

*Hammett* (1982). R. Wim Wenders. Int. Frederic Forrest, Peter Boyle, Marilu Henner.

*Henry/Henry, Portrait of a Serial Killer.* R. John Mac Naughton. Int. Michael Rooker, Tracy Arnold, Tom Towles.

*Heure du crime (l')/Johnny O'Clock* (1947). R. Robert Rossen. Int. Dick Powell, Evelyn Keyes, Ellen Drew.

*Histoire de détective/Detective Story* (1951). R. :William, Wyler. Int. Kirk Douglas, Eleanor Parker, William Bendix.

*Homme à l'affût (l')/The Sniper* (1952).

R. Edward Dmytryk. Int. Adolphe Menjou, Arthur Franz, Mary Windsor.

*Homme aux abois (l')/I Walk Alone* (1948). R. Byron Haskins. Int. Burt Lancaster, Lizabeth Scott, Kirk Douglas.

* *Homme qui en savait trop (l')./The man who Knew too Much* (1956). R. Alfred Hitchcock. Int. James Stewart, Doris Day, Daniel Gélin 96.

*Honneur des Prizzi (l')./Prizzi's Honor* (1985). R. John Huston. Int. Jack Nicholson, Kathleen Turner, Robert Loggia.

* *Hors la loi (les)./G. Men* (1935). R. William Keighley. Int. James Cagney, Ann Dvorak, Margaret Lindsay 42, *43*.

*House by the River (the)*/(1950). R. Fritz Lang Int. Louis Hayward, Lee Bowman, Jane Wyatt.

I

*Ici brigade criminelle/Private Hell* 36 (1954). R. Don Siegel. Int. Ida Lupino, Steve Cochran, Howard Duff.

* *Il était une fois en Amérique/Once upon a Time in America* 1984). R. Sergio Leone Int. Robert De Niro, James Woods, Elizabeth McGovern 105, *105*.

*Il marchait la nuit/He walked by Night* (1948). R. Alfred Werker. Int. Richard Basehart, Scott Brady, Roy Roberts.

*Impasse tragique (l')/The Dark Corner* (1946). R. Henry Hathaway. Int. Mark Stevens, Lucille Ball, Clifton Webb.

*Implacable (l')/Cry Danger* (1951). R. Robert Parrish. Int. Dick Powell, Rhonda Fleming, Richard Erdman.

*Incident de frontière/Border Incident* (1949). R. Anthony Mann. Int. Ricardo Montalban, George Murphy, Howard Da Silva.

* *Inconnu du Nord Express (l')/Strangers on a Train* (1951). R. Alfred Hitchcock. Int. Farley Granger, Robert Walker, Ruth Roman 97.

*Inconnus dans la ville (les)/Violent Saturday* (1955). R. Richard Fleischer. Int. Victor Mature, Richard Egan, Stephen McNally.

*Incorruptibles (les)/The Untouchables* (1987). R. Brian DePalma. Int. Kevin Costner, Sean Connery, Robert DeNiro.

*Inexorable enquête (l')/Scandal street* (1952). R. Phil Karlson. Int. John Derek, Donna Reed, Broderick Crawford.

* *Inspecteur Harry (l')/Dirty Harry* (1971). R. Don Siegel. Int. Clint Eastwood, Harry Guardino, Reni Santoni 11, 112, 113.

* *Inspecteur ne renonce jamais (l')./The Enforcer* (1976). R. James Fargo. Int. Clint Eastwood, Tyne Daly, Bradford, Dillman 112.

* *Introuvable (l')/The Thin Man* (1934). R. W.S. Van Dyke. Int. William Powell, Mirna Loy, Maureen O'Sullivan *56*.

*Investigations criminelles/Vice Squad* (1953). R. Arnold Laven. Int. Edward G. Robinson, Paulette Goddard.

*Invisible meurtrier (l')/The Unseen* (1945). R. Lewis Allen. Int. Joel McCrea, Gail Russell, Herbert Marshall.

* *Invraisemblable vérité (l')/Beyond a reasonable doubt* (1956). R. Fritz Lang. Int. Dana Andrews, Joan Fontaine, Sidney Blackmer 84.

* *Italian (The)* (1915). R. Reginald Barker. Int. George Beban, Charles K. French 21.

*I Walk up Screaming* (1941). R. Bruce Humberston. Int. Betty Grable, Victor Mature, Carole Landis.

J

* *J'ai le droit de vivre/You Only Live Once*(1937). R. Fritz Lang. Int. Henry Fonda, Sylvia Sidney, Barton McLane 45, *45*.

*J'aurai ta peau/I the Jury* (1982). R. Richard T. Heffron. Int. Armand Assante, Barbara Carrera, Paul Sorvino.

*Jenny femme marquée/Shockproof* (1949). R. Douglas Sirk. Int. Cornel Wilde, Patricia Knight, John Baragrey.

*Je suis un criminel/They Made me a Criminal* (1939). R. Busby Berkeley. Int. John Garfield, Claude Rains, Gloria Dickson.

* *Je suis un évadé/I am a Fugitive from a Chain Gang* (1932). R. Mervyn le Roy. Int. Paul Muni, Glenda Farrell, Helen Wilson 44, *44*, 45.

*Johnny roi des gangsters/Johnny Eager* (1942). R. Mervyn LeRoy. Int. Robert Taylor, Lana Turner, Edward Arnold.

* *Juslice sauvage/Walking Tall* (1973). R. Phil

Karlson. Int. Joe Don Baker, Elizabeth Hartman, Noah Beery *111*.

*Justicier de minuit (le)/Ten to Midnight* (1982). R. Jack Lee Thompson. Int. Charles Bronson, Lisa Eilbacher, Andrew Stevens.

* *Justicier braque les dealers (le)/Death Wish IV : The Crack Down* (1987). R. Jack Lee Thompson. Int. Charles Bronson, Karl Lenz, John P. Ryan 113.

* *Justicier de New-York III (le)/Death Wish III* (1985). R. Michael Winner. Int. Charles Bronson, Deborah Raffin, Ed Lauter 113.

## K

*Kafka* (1991). R. Steven Soderbergh. Int. Jeremy Irons, Theresa Russell, Ian Holm.

*Key Largo* (1948). R. John Huston. Int. Humphrey Bugart, Edward G. Robinson, Lauren Bacall.

* *Kiss off (the)* (1988). R. Maggie Greenwald. Int. Loretta Gross, Andrew Lee Barrett, Jackson Sins *125*.

* *Klute* (1971). R. Alan Pakula. Int. Jane Fonda, Donald Sutherland, Charles Cioffi 118, *121*.

## L

*Lame nue (la)/The Naked Edge* (1960). R. Michael Anderson. Int. Gary Cooper, Deborah Kerr, Peter Cushing.

* *Laura* (1944). R. Otto Preminger. Int. Gene Tierney, Dana Andrews, Clifton Webb *59, 75*, 77, 90.

*Lendemain du crime (le)/The Morning After* (1986). R. Sidney Lumel. Int. Jane Fonda, Jeff Bridges, Raoul Julia.

* *Liaison fatale/Fatal Attraction* (1987). R. Adrian Lyne. Int. Michael Douglas, Glenn Close, Anne Archer *123*, 124.

*Liés par le sang/Bloodline* (1979). R. Terence Young. Int. Audrey Hepburn, James Mason, Irene Papas.

* *Lily of the Tenements (the)* (1910). R. D. W. Griffith. 17.

* *Loi du silence (la)/I Confess* (1953). R. Alfred Hitchcock. Int. Montgomery Clift, Anne Baxter, Karl Malden 96, 97.

* *Lonely Villa (the)* (1909). R. D. W. Griffith 16.

*Luke la main froide/Cool Hand Luke* (1967). R. Stuart Rosenberg. Int. Paul Newman, George Kennedy, Jo Van Fleet.

## M

*M* (1951). R. Joseph Losey. Int. David Wayne, Howard Da Silva, Luther Adler.

* *Magnum Force* (1973). R. Ted Post. Int. Clint Eastwood, Hal Holbrok, Mitchell Ryan 112.

*Main au collet (la)/To Catch a Thief* (1955). R. Alfred Hitchcok. Int. Cary Grant, Grace Kelly, Charles Vanel.

*Main droite du diable (la)/Betrayed* (1988). R. Costa-Gavras. Int. Debra Winger, Tom Berenger, Betsy Blair.

*Mains qui tuent (les)/Phantom Lady* (1944). R. Robert Siodmak. Int. Ella Raines, Franchot Tone, Alan Curtis.

*Maison dans l'ombre (la)/On Dangerous Ground* (1951). R. Nicholas Ray. Int. Ida Lupino, Robert Ryan, Ward Bond.

*Maison de bambou/House of Bamboo* (1955). R. Samuel Fuller. Int. Robert Ryan, Robert Stack, Cameron Mitchell.

* *Maison de la 92e rue (la)/The House on 92nd Street* (1945). R. Henry Hathaway. Int. William Eythe, Loyd Nolan, Signe Hasso 62.

*Maison des otages (la)/The Desperate Hours* (1955). R. William Wyler. Int. Humphrey Bogart, Fredric March, Arthur Kennedy

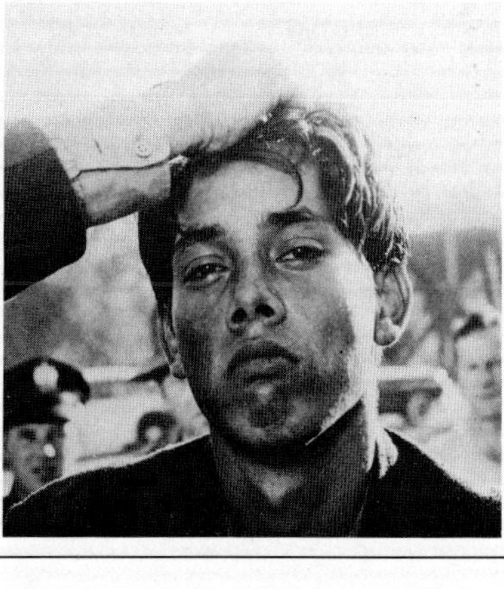

* *Maison des otages (la)/The Desperate Hours* (1990). R. Michael Cimino. Int. Mickey Rourke, Anthony Hopkins, Mimi Rogers 126.

* *Maison du Dr Edwardes (la)/Spellbound* (1945). R. Alfred Hitchcock. Int. Ingrid Bergman, Gregory Peck, Michael Chekhov 96.

*Mais qui a tué Harry?/The Trouble with Harry* (1955). R. Alfred Hitchcock. Int. Edmund Gwenn, John Forsythe, Shirley Maclaine.

*Maître du Gang/The Undercover Man* (1949). R. Joseph H. Levis. Int. Glenn Ford, Nina Foch, James Whitmore.

*Mark Dixon détective/Where the Sidewalk Ends* (1950). R. Otto Preminger. Int. Dana Andrews, Gene Tierney, Gary Merrill.

*Marseille contrat/The Marseilles Contract* (1974). R. Robert Parrish. Int. Michael Caine, Anthony Quinn, James Mason.

*Masque de Dimitrios (le)/The Mask of Dimitrios* (1944). R. Jean Negulesco. Int. Sydney Greenstreet,Zachary Scott, Faye Emerson.

* *Mean Streets* (1973). R. Martin Scorsese. Int. Robert DeNiro, Harvey Keitel, David Proval *104*, 105.

*Menaces dans la nuit/He Ran all the Way* (1951). R. John Berry. Int. John Garfield, Shelley Winters, Wallace Ford.

*Menaces sur la ville/Racket Busters* (1938). R. Lloyd Bacon. Int. George Brent, Humphrey Bogart, Gloria Dickson.

*Meurtre sans faire part/Portrait in Black* (1960). R. Michael Gordon. Int. Lana Turner, Anthony Quinn, Sandra Dee.

*Meurtre sous contrat/Murder by Contract* (1958). R. Irving Lerner. Int. Vince Edwards, Philip Pine, Herschel Bernardi.

* *Miller's Crossing* (1990). R. Joel Coen. Int. Gabriel Byrne, John Turturro, Albert Finney 110, *126*.

* *Mitraillette Kelly/Machine Gun Kelly* (1958). R. Roger Corman. Int. Charles Bronson, Susan Cabot, Jack Lambert 72.

*Monsieur Verdoux* (1947). R. Charlie Chaplin. Int. Charlie Chaplin, Marilyn Nash, Martha Raye.

* *Mort aux trousses (la)/North by Northwest* (1959). R. Alfred Hitchcock. Int. Cary Grant, Eva Marie Saint, James Mason *95*, 96.

* *Mousquetaires de Pig Alley (les)/The musketteers of Pig Alley* (1912). R. D. W. Griffith. Int. Lillian Gish, Walter Miller, Elmer Booth 16, 17, 19, 20, *20, 21*.

*Mystère de la plage perdue (le)/Mystery Street* (1950). R. John Sturges. Int. Ricardo Montalban, Sally Forrest, Bruce Bennett.

* *Mystère von Bülow (le)/Reversal of Fortune* (1990). R. Barbet Schroeder. Int. Jeremy Irons, Glenn Close, Ron Silver 124.

*Mysterieux docteur Clitterhouse (le)/The amazing Dr Clitterhouse* (1938). R. Anatole Litvak. Int. Edward G. Robinson, Humphrey Bogart, Claire Trevor.

*Mysterieux Docteur Korvo (le)/Whirlpool* (1949). R. Otto Preminger. Int. Richard Conte, Gene Tierney, José Ferrer.

## N

*Né pour tuer/Born to Kill* (1947). R. Robert Wise. Int. Claire Trevor, Laurence Tierney, Walter Slezak.

*Nerfs à vif (les)/Cape Fear* (1962). R. Jack Lee Thompson. Int. Gregory Peck, Robert Mitchum, Polly Bergen.

*Nerfs à vif (les)/Cape Fear* (1991). R. Martin Scorsese. Int. Robert DeNiro, Nick Nolte, Jessica Lange.

*Niagara* (1953). R. Henry Hathaway. Int. Marilyn Monroe, Joseph Cotten, Jean Peters.

*Nickel ride/The Nickel Ride* (1573). R. Robert Mulligan. Int. Jason Miller, Linda Haynes, Victor French.

*Nick, gentleman détective/After the Thin Man* (1936). R. W.S. Van Dyke. Int. William Powell, Myrna Loy, James Stewart.

*Night Fall* (1957). R. Jacques Tourneur. Int. Aldo Ray, Brian Keith, Anne Bancroft.

* *Nous avons gagné ce soir/The Set up* (1945). R. Robert Wise. Int. Robert Ryan, Audrey Totter, George Tobias *87*.

* *Nous sommes tous des voleurs/Thieves like Us* (1974). R. Robert Altman. Int. Keith Carradine, Shelley Duvall, John Schuck 102.

*Nuit des juges (la)/The Star Chamber* (1983). R. Peter Hyams. Int. Michael Douglas, Hal Holbrook, Yaphet Kotto.

*Nuit du lendemain (la)/The Night of the Following Day* (1965). R. Hubert Cornfield. Int. Marlon Brando, Richard Boone, Rita Moreno.

* *Nuits de chicago (les)/Underworld* (1927). R. Joseph von Sternberg. Int. George Bancroft, Evelyn Brent, Clive Brook.25, 27, *27*.

*Nuits rouge de Harlem (les)/Shaft* (1971). R. Gordon Parks. Int. Richard Roundtree, Moses Gunn, Charles Cioffi.

## O

* *Obsession* (1975). R. Brian DePalma. Int. Cliff Robertson, Geneviève Bujold, John Lithgow 125.

*Œil du temoin (l')/Eyewitness* (1980). R. Peter Yates. Int. William Hurt, Sigourney Weaver, Christopher Plummer.

* *Oiseau noir (l')/The Black Bird* (1926). R. Tod Browning. Int. Lon Chaney, Renée Adorée, Owen Moore 25, *25*.

* *Ombre d'un doute (l')/Shadow of a Doubt* (1943). R. Alfred Hitchcock. Int. Joseph Cotten, Teresa Wright, Mac Donald Carey 96.

*On n'achète pas le silence/The Liberation of L. B. Jones* (1970). R. William Wyler. Int. Lee J. Cobb, Anthony Zerbe, Roscoe Lee Browne.

* *Outside the Law* (1921). R.: Tod Browning. Int. Lon Chaney, Priscilla Dean, Ralph Lewis 25.

## P

*Pacte avec un tueur/Best Seller* (1988). R. John Flynn. Int. James Woods, Brian Dennehy, Victoria Tennant.

* *Panique dans la rue/Panic in the Streets* (1950). R. Elia Kazan. Int. Richard Widmark, Jack Palance, Paul Douglas 69, *69*.

* *Parrain (le)/The Godfather* (1971). R. Francis F. Coppola. Int. Marlon Brando, Al Pacino, James Caan 104, 107, 110.

* *Parrain II (le)/The Godfather, part II* (1974). R. Francis F. Coppola. Int. Al Pacino, Robert Duvall, Robert DeNiro 21, 104.

* *Parrain III (le)/The Godfather part III* (1990). R. Francis F. Coppola. Int. Al Pacino, Diane Keaton, Andy Garcia *109*.

* *Parrain d'un jour/Things Change* (1988). R. David Mamet. Int. Don Amiche, Joe Mantegna, Robert Prosky *127*.

* *Pas de printemps pour Marnie/Marnie* (1964). R. Alfred Hitchcock. Int. Tippi Hedren, Sean Connery, Diane Baker 96, *96*.

* *Pas d'orchidées pour Miss Blandish/The Grissom Gang* (1971). R.: Robert Aldrich. Int. Kim Darby, Scott Wilson, Tony Musante 103.

* *Passagers de la nuit (les)/Dark Passage* (1947). R. Delmer Daves. Int. Humphrey Bogart, Lauren Bacall, Bruce Bennett 80, *85*.

*Péché mortel/Leave her to Heaven* (1945). R. John Stahl. Int. Gene Tierney, Cornel Wilde, Jeanne Crain.

* *Penalty (the)* (1920). R. Wallace Worsley. Int. Lon Chaney, Ethel Grey Terry, Charles Clary 25, *25*.

*Peter Gunn détective spécial/Gunn* (1967). R. Blake Edwards. Int. Craig Stevens, Laura Devon, Asner Edward.

* *Petit Cesar (le)/Little Caesar* (1931). R. Mervyn LeRoy. Int. Edward G. Robinson, Douglas Fairbanks Jr., William Collier Jr. *27*, 32, *32*, 33, 51.

*Peur au ventre (la)/I Died a Thousand Times* (1955). R. Stuart Heisler. Int. Jack Palance, Sheller Winters, Lori Nelson.

* *Phoenix City Story (the)* (1955). R. Phil Karlson. Int. Richard Kiley,

Edward Andrews, John Mc Intire 72, *79.*

*Piège de cristal/Die Hard* (1988). R. John McTiernan. Int. Bruce Willis, Alan Rickman.

*Piège mortel/Death Trap* (1982). R. Sidney Lumet. Int. Michael Caine, Christopher Reeve, Dyan Cannon.

*Player (the)* (1992). R. Robert Altman. Int. Tim Robbins, Greta Scacchi, Whoopi Goldberg.

*Plus dure sera la chute/The Harder They Fall* (1956). R. Mark Robson. Int. Humphrey Bogart, Rod Steiger, Jan Sterling.

* *Point de non retour (le)/Point Blank* (1967). R. John Boorman. Int. Lee Marvin, Angie Dickinson, Keenan Wynn 99, 103.

*Poison (le)/The Lost Week-end* (1945). R. Billy Wilder. Int. Ray Milland, Jane Wyman, Howard Da Silva.

*Policier fédérale Los Angeles/To Live and Die in L.-A.* (1985). R. William Friedkin. Int. William L. Petersen, Willem Dafoe, John Pankow.

*Police spéciale/The naked Kiss* (1965). R. Samuel Fuller. Int. Constance Towers, Anthony Eisley, Michael Dante.

* *Police sur la ville/Madigan* (1968). R. Don Siegel. Int. Richard Widmark, Henry Fonda, Inger Stevens 110, 111.

* *Port de la drogue (le)/Pickup on South Street* (1952). R. Samuel Fuller. Int. Richard Widmark, Jean Peters, Thelma Ritter 72.

*Pour toi j'ai tué/Criss Cross* (1949). R. Robert Siodmak. Int. Burt Lancaster, Yvonne de Carlo, Dan Duryea.

* *Prince de New-York (le)/Prince of the City* (1981). R. Sidney Lumet. Int. Treat Williams, Jerry Orbach, Richard Foronjy.

* *Privé (le)/The Long Goodbye* (1974). R. Robert Altman. Int. Elliot Gould, Nina Van Pallandt, Sterling Hayden 118, *119.*

*Proie (la)/Cry of the City* (1948). R. Robert Siodmak. Int.: Victor Mature, Richard Conte, Fred Clark.

*Proie du mort (la)/Rage in Heaven* (1941). R. W. S. Van Dyke. Int. Robert Montgomery, Ingrid Bergman, George Sanders.

* *Psychose/Psycho* (1960). R. Alfred Hitchcock. Int. Anthony Perkins, Janet Leigh, Vera Miles 94, 96, 97, *97*, 125.

*Psychose II/Psycho II* (1982). R. Richard Franklin. Int. Anthony Perkins, Vera Miles, Meg Tilly.

*Pulsions/Dressed to kill* (1980). R. Brian DePalma. Int. Michael Caine, Angie Dickinson, Nancy Allen.

## Q

* *Quand la ville dort/The Asphalt Jungle* (1950). R. John Huston. Int. Sterling Hayden, Louis Calhern, Jean Hagen *65, 67*, 69, *70.*

*Quarante huit heures/48 Hours* (1982). R. Walter Hill. Int. Nick Nolte, Eddy Murphy, Annette O'Toole.

* *Quatre malfrats (les)/The Hot Rock* (1972). R. Peter Yates. Int. Robert Redford, Georg Segal, Ron Leibman *127.*

*Quatrième Homme (le)/Kansas City Confidential* (1952). R. Phil Karlson. Int. John Payne, Coleen Gray, Preston Foster.

*Quelque part dans la nuit/Somewhere in the Night* (1946). R. Joseph L. Mankiewicz. Int. John Hodiak, Nancy Guild, Richard Conte.

* *Quick Millions* (1931). R. Rowland Brown. Int. Spencer Tracy, Margaret Churchill, Sally Eilers 40.

## R

*Raccrochez c'est une erreur/Sorry Wrong Number* (1948). R. Anatole Litvak. Int. Barbara Stanwyck, Burt Lancaster, Wendell Corey.

* *Rachat suprême (le)/The Whispering Chorus* (1918). R. Cecil B. De Mille. Int. Raymond Hatton, Kathlyn Williams, Elliott Dexter *13.*

*Racket dans la couture/The Garment Jungle* (1957). R. Vincent Sherman et Robert Aldrich. Int. Lee J-Cobb, Kerwin Mathews, Gia Scala.

*Rafale (la)/The Dragnet* (1958). R. Joseph von Sternberg. Int. George Bancroft, Evelyn Brent, William Powell.

*Rafale de la dernière chance (le)/The Last Mile* (1950). R. Howard W. Koch. Int. Mickey Rooney, Alan Bunce, Frank Conroy.

* *Rebecca* (1940). R. Alfred Hitchcock. Int. Laurence Olivier, Joan Fontaine, Judith Anderson 96.

*Recidiviste (le)/Straight Time* (1978). R. Ulu

Grosbard. Int. Dustin Hoffman, Theresa Russell, Harry Dean Stanton.

*Refroidi à 99%/99 and 44/100 Dead* (1974). R. John Frankenheimer. Int. Richard Harris, Edmun O'Brien, Bradford Dillman.

* *Regeneration* (1915). R. Raoul Walsh. Int. Rockliffe Fellowes, Carl Harbaugh, Anna Q. Nilsson *22*.

* *Règlements de compte/The. Big Heat* (1953). R. Fritz Lang. Int. Glenn Ford, Gloria Grahame, Jocelyn Brando *93*.

* *Retour de l'inspecteur Harry (le)/Sudden Impact* (1983). R. Clint Eastwood. Int. Clint Eastwood, Sandra Locke 112.

*Revanche du Sicilien (la)/Johnny Cool* (1963). R. William Asher. Int. Henry Silva, Elizabeth Montgomery, Sammy Davis Jr.

* *Révoltés de la cellule 11 (les)/Riot in Cell Block 11* (1954). R. Don Siegel. Int. Neville Brand, Emile Meyer, Frank Faylen 70.

* *Rôdeur (le)/The Prowler* (1951). R. Joseph Losey. Int. Van Heflin, Evelyn Keyes, John Maxwell 61.

*Roi du rackett (le)/The naked Street* (1955). R. Maxwell Shane. Int. Farley Granger, Anthony Quinn, Anne Bancroft.

* *Roman de Mildred Pierce (le)/Mildred Pierce* (1945). R. Michael Curtiz. Int. Joan Crawford, Jack Carson, Zachary Scott 61.

*Rue de la mort (la)/Side Street* (1949). R. Anthony Mann. Int. Farley Granger, Cathy O'Donnell, James Craig.

*Ruelles du malheur (les)/Knock on any door* (1948). R. Nicholas Ray. Int. Humphrey Bogart, John Derek, George Macready

* *Rue Rouge (la)/Scarlet Street* (1945). R. Fritz Lang. Int. Edward G. Robinson, Joan Bennett, Dan Duryea 62, *62*.

* *Rue sans issue/Dead End* (1937). R. William Wyler. Int. Joel Mc Crea, Sylvia Sidney, Humphrey Bogart 49, *49*.

## S

* *Sailor et Lula/Wild at Heart* (1990). R. David Lynch. Int. Nicholas Cage, Laura Dern, Willem

Dafoe 102, *102*.

*Sale temps pour un flic/Code of Silence* (1984). R. Andy Davis. Int. Chuck Norris, Henry Silva, Bert Remsen.

*Sang et or/Body and Soul* (1947). R. Robert Rossen. Int. John Garfield, Lilli Palmer, Hazel Brooks.

*Sanglantes confessions/True Confessions* (1981). R. Ulu Grosbard. Int. Robert DeNiro, Robert Duvall, Charles Durning.

* *Sang pour sang/Blood Simple* (1984). R. Joel Coen. Int. John Getz, Frances McDormand, Dan Hedaya 124.

* *Scarface* (1932). R. Howard Hawks. Int. Paul Muni, Ann Dvorak, George Raft 27, 29, 31, 33, 38, 39, *39*, 40, 44.

* *Scarface* (1983). R. Brian DePalma. Int. Al Pacino, Steven Bauer, Michelle Pfeiffer 103.

*Secret derrière la porte (le)/The Secret behind the Door* (1948). R. Fritz Lang. Int. Joan Bennett, Michael Redgrave, Anne Revere.

*Secret du grand canyon (le)/Edge of Eternity* (1959). R. Don Siegel. Int. Cornel Wilde, Victoria Shaw, Mickey Shaughnessy.

* *Sept voleurs (les)/Seven Thieves* (1960). R. Henry Hathaway. Int. Edward G. Robinson, Joan Collins, Rod Steiger 70.

* *Serpico* (1973). R. Sidney Lumet. Int. Al Pacino 114.

* *Un après-midi de chien/Dog Day Afternoon* (1975). R. Sidney Lumet. Int. Al Pacino, John Cazale, Charles Durning 114, *114*.
*Une femme dangereuse/They Drive by Night* (1940). R. Raoul Walsh. Int. George Raft, Humphrey Bogart, Ida Lupino.

*Une incroyable histoire/The Window* (1949). R. Ted Tetzlaff. Int. Barbara Hale, Bobby Driscoll, Arthur Kennedy.

* *Un justicier dans la ville/Death Wish* (1974). R. Michael Winner. Int. Charles Bronson, Vincent Gardenia, Hope Lange 112.

* *Un justicier dans la ville n° 2/Death Wish II* (1982). R. Michael Winner. Int. Charles Bronson, Jill Ireland, Vincent Gardenia 112, 113.

*Un pigeon mort dans Beethoven Strasse/Dead Pigeon on Beethoven Strasse* (1973). R. Samuel Fuller. Int. Glenn Corbett, Christa Lang, Stéphane Audran.

* *Un shériff à New York/Coogan's Bluff* (1968). R. Don Siegel. Int. Clint Eastwood, Lee J. Cobb, Susan Clark 110, 112.

* *Un si doux visage/Angel Face* (1952). R. Otto Preminger. Int. Robert Mitchum, Jean Simmons, Mona Freeman 89.

*Un silencieux au bout du canon/McQ* (1973). R. John Sturges. Int. John Wayne, Eddie Albert, Diana Muldaur.
*Un tueur dans la foule/Two Minutes Warning* (1976). R. Larry Peerce. Int. Charlton Heston, John Cassavetes, Martin Balsam.

## V

*Valse des truands (la)/Marlowe* (1969). R. Paul Bogart. Int. James Garner, Gayle Hunnicutt, Rita Moreno.
*Verdict (the)* (1946). R. Don Siegel. Int. Sydney Greenstreet, Peter Lorre, Joan Lorring.

*Verdict (the)* (1982). R. Sidney Lumet. Int. Paul Newman, Charlotte Rampling, James Mason.

* *Veuve mais pas trop/Married to the Mob* (1988). R. Jonathan Demme. Int. Michelle Pfeiffer, Matthew Modine, Dean Stockwell *127*.

*Veuve noire (la)/Black Widow* (1986). R. Bob Rafelson. Int. Debra Winger, Theresa Russell, Sami Frey.

* *Vicky* (1953). R. Harry Horner. Int. Jean Peters, Jeanne Crain, Elliott Reid 90.

*Vie d'un policier américain (la)/The Life of an Americain Policeman* (1905). R. Edwin S. Porter.

* *Ville gronde (la)/They won't Forget* (1937). R. Mervyn LeRoy. Int. Claude Rains, Gloria Dickson, Otto Kruger *47*.

*Violent (le)/In a Lonely Place* (1950). R. Nicholas ray. Int. Humphrey Bogart, Gloria Grahame, Frank Lovejoy.

*Voyage de la peur (le)/The Hitch Hiker* (1953). R. Ida Lupino. Int. Edmond O'Brien, Frank Lovejoy, William Talman.

## W

* *Witness* (1984). R. Peter Weir. Int. Harrisson Ford, Kelly Mc Gillis, Josef Sommer 126.

## Y

*Yakuza/The Yakuza* (1974). R. Sydney Pollack. Int. Robert Mitchum, Takakura Ken, Brian Keith.

*Yeux dans les ténèbres (les)/Eyes in the Night* (1942). R. Fred Zinnemann. Int. Ann Harding, Edward Arnold, Donna Reed.

*Yeux de Laura Mars (les)/The Eyes of Laura Mars.* R. Irwin Kerschner. Int. Faye Dunaway, Tommy Lee Jones, Brad Dourif.

## BIBLIOGRAPHIE

Nous avons écarté de cette bibliographie les dictionnaires, encyclopédies et histoires du cinéma qui contiennent tous des références au film criminel, ainsi que les innombrables ouvrages consacrés aux metteurs en scène, comédiens, écrivains, producteurs, compagnies de production et chef-opérateurs. Nous n'avons voulu mentionner que les principaux ouvrages en anglais et en français qui traitent du genre.

– Alloway, Lawrence, *Violent America : The Movies 1946-1964*, The Museum of Modern Art, New York, 1971.
– Borde, Raymond et Chaumeton, Étienne, *Panorama du film noir américain*, Éditions de Minuit, Paris, 1955.
– Brion, Patrick, *Le Film noir*, Nathan Image, Paris, 1991.
– Brownlow, Kevin, *Behind the Mask of Innocence*, Knopf, New York, 1990.
– Cauliez, Armand J., *Le Film criminel et le film policier*, Le Cerf, Paris, 1956.
– Clarens, Carlos, *Crime Movies*, Secker and Warburg, Londres, 1980.
– Derry, Charles, *The Suspense Thriller*, McFarlan, Jefferson, Caroline du Nord, 1988.
– Everson, William K., *The Detective in Film*, Citadel, Secaucus, New Jersey, 1972.
– Guérif, François, *Le Film noir américain*, Henri Veyrier, Paris, 1979.
– Hirsch, Foster, *The Dark Side of the Screen : Film Noir*, Barnes, New York, 1981.
– Kaplan, Ann, *Women in Film Noir*, BFI, Londres, 1978.
– Krutnik, Frank, *In a Lonely Street, Film Noir, Genre and Masculinity*, Routledge, Londres et New York, 1991.
– Mac Arthur, Colin, *Underworld USA*, Secker and Warburg, Londres, 1972.
– McCarthy, Todd et Flynn, Charles, *King of the B's*, E. P. Dutton, New York, 1975.
– Ottoson, Robert, *A Reference Guide to the American Film Noir : 1940-1958*, The Scarecrow Press Metuchen, New Jersey, 1981.
– Place, J. A. et Peterson, L. S., «Some Visual Motifs in Film Noir» in *Film Comment*, janvier-février 1974.
*Positif*, numéro spécial sur le film criminel, n° 171-172, juillet-août 1975.
– Rosow, Eugene, *Born to Lose : the Gangster Film in America*, Oxford University Press, New York, 1978.
– Schrader, Paul, «Notes on Film Noir» in *Schrader on Schrader*, Faber and Faber, Londres, 1991.
– Selby, Spencer, *Dark City : The Film Noir*, McFarland, Jefferson, Caroline du Nord, 1984.
– Shadoian, Jack, *Dreams and Dead Ends : The American Gangster/Crime Film*, The M.I.T. Press, Cambridge, Massachussets, 1977.
– Siclier, Jacques, *Le Mythe de la femme dans le cinéma américain*, Le Cerf, Paris, 1956.
– Silver Alan et Ward Elisabeth, *Encyclopédie du film noir*, Rivages, Paris, 1987.
– Telotte, J.-P., *Voices in the Dark : The Narrative Patterns of the Film Noir*, University of Illinois Press, Urbane and Chicago, 1989.
– Tuska, Jon, *The Detective in Hollywood*, Doubleday, New York, 1978.

## TABLE DES ILLUSTRATIONS

Chaque titre de film est suivi du nom du réalisateur et de celui du producteur.

### COUVERTURE

1er plat Paul Muni, photographie.
4e plat James Cagney dans *L'Ennemi public*, William Wellman, Warner Bros., 1931.
Dos Un couple célèbre du film noir, Humphrey Bogart et Lauren Bacall sur l'affiche américaine des *Passagers de la nuit*, Delmer Daves, Warner Bros., 1947.

### OUVERTURE

1 Affiches de *The Maltese Falcon, Gun Crazy, Double Indemnity*, *The Wrong Man*.
2/3 Affiche de *The Maltese Falcon (Le Faucon Maltais),* John Huston, Warner Bros. 1941.
4/5 Affiche de *Double Indemnity* (*Assurance sur la mort)*, Billy Wilder, Paramount, 1944.
6/7 Affiche de *The Wrong Man* (*Le Faux Coupable*), Alfred Hitchcock, Warner, 1956.
8/9 Affiche de *Gun Crazy (Le Démon des armes)*, Joseph Lewis, United Artists, 1950.
11 *L'Attaque du grand rapide*, Edwin S. Porter, Thomas Edison Co., 1903.

*Dain Curse (Sang maudit)* de Hammett.
57b *Le Faucon maltais*, John Huston, Warner Bros., 1941.
58 Première page du *Honolulu Star Bulletin*, 7 décembre 1941.
59h Pancarte anti-communiste.
59bg Scène de rue, années 40.
59bd Couverture de *Pas d'orchidées pour Miss Blandish*, dans la Série Noire, Gallimard.
60 Raymond Chandler.
60/61 Humphrey Bogart et Lauren Bacall dans *Le Grand Sommeil*, Howard Hawks, Warner Bros., 1946.
61b Publicité de la maison d'édition Alfred A.Knopf, 1939.
62 Edward G. Robinson et Joan Bennett dans La *Rue rouge,* Fritz Lang, Universal, 1945.
62/63 Lana Turner et John Garfield dans *Le facteur sonne toujours deux fois*, Tay Garnett, M.G.M., 1946.
*63 Boomerang*, Elia Kazan, Twentieth Century Fox, 1947.
64h Louis Calhern et Sam Jaffe dans *Quand la ville dort*, John Huston, M.G.M., 1950.
64b *Quand la ville dort*, John Huston, idem.
65 John Huston sur le tournage de *Quand la ville dort,* idem.
66-67 Harry Bellafonte dans *Le Coup de l'escalier*, Robert Wise, United Artists, 1959.
67 Robert Ryan dans *Le Coup de l'escalier*, Robert Wise, United Artists, 1959.
68-69 *La Cité sans voiles*, Jules Dassin, Universal, 1948.
69b *Panique dans la rue*, Elia Kazan, Twentieth Century Fox, 1950.
*70h L'Ultime Razzia*, Stanley Kubrick, United Artists, 1956.
*70b Les Criminels*, Joseph Losey, Anglo Amalgameted, 1960.
71 James Cagney, Wally Cassell dans *L'enfer est à lui*, Raoul Walsh, Warner Bros., 1949.
72h *Le Grand Chantage,* Alexander Mackendrick, United Artists, 1957.
*72b En quatrième vitesse,* Robert Aldrich, United Artists, 1955.
*73 La Soif du mal*, Orson Welles, Universal, 1957.

## CHAPITRE IV

74 *Laura*, Otto Preminger, Twentieth Century Fox, 1944.
75 Orson Welles dirigeant une répétition de l'émission de radio *La Guerre des mondes*, octobre 1938.
76m Barbara Stanwyck et Fred McMurray dans *Assurance sur la mort*, Billy Wilder, Paramount, 1944.
76b Fred McMurray dans *Assurance sur la mort*, Billy Wilder, idem.
76/77 Affiche de *Boulevard du crépuscule*, Billy Wilder, Paramount, 1950.
77d Billy Wilder, photographie.
78h *Les Tueurs*, Robert Siodmak, Universal, 1946.
78b Burt Lancaster dans *Les Tueurs*, Robert Siodmak, idem.
78/79 Affiche de *La Griffe du passé*, Jacques Tourneur, R.K.O., 1947.
79 Virginia Huston et Robert Mitchum dans *La Griffe du passé*, Jacques Tourneur, R.K.O., 1947.
80g Publicité pour *La Dame du lac*, Robert Montgomery, M.G.M., 1947.
80/81 Robert Montgomery et Audrey Totter dans *La Dame du lac*, Robert Montgomery, idem, 1947.
81g Marlene Dietrich dans *Shanghai Express*, Joseph von Sternberg, Paramount, 1931.
81d Ava Gardner dans *Les Tueurs*, Robert Siodmak, Universal, 1946.
82h Orson Welles et Gregg Toland sur le tournage de *Citizen Kane*, R.K.O., 1941.
*82b M le Maudit*, Fritz Lang, Nero Film, 1931.
*83h CitizenKane*, Orson Welles, R.K.O., 1941.
83b Fritz Lang dans les années 30.
84h *Les Passagers de la nuit*, Delmer Daves, Warner Bros., 1947.
84/85 *Ombres nocturnes*, Edward Hopper. Whitney Museum of Art, New York, 1921.
*85h La Cité sans voiles*, Jules Dassin, Universal, 1948.
*85b La Soif du mal*, Orson Welles, Universal, 1957.
86h *Stag at Sharkeys*, Georges Bellows, 1909, Cleveland Museum of Art.
86b Burt Lancaster dans *Les Tueurs*, Robert Siodmak, Universal, 1946.
87h Robert Ryan dans *Nous avons gagné ce soir*, Robert Wise, R.K.O., 1949.
87b Kirk Douglas dans *Le Champion*, Mark Robson, United Artists, 1949.
88h *Les Bas-Fonds de New York,* Samuel Fuller, Columbia, 1961.
88b *Cadavre avec révolver*, photo de Weegee, 1940, New York International Center of Photography.
89 Joan Bennett et Edward G. Robinson dans *La Femme au portrait,* Fritz Lang, R.K.O., 1945.
90m Orson Welles et Rita Hayworth dans *La Dame de Shanghai*, Orson Welles, Columbia, 1946.
90b Affiche de *La Dame de Shanghai*, Orson Welles, idem.
91 Rita Hayworth dans *Gilda*, Charles Vidor, Columbia, 1946.
91b Barbara Stanwick dans *Assurance sur la mort*, Billy Wilder, Paramount, 1944.
92-93 Lee Marvin et Gloria Grahame dans *Règlement de comptes*, Fritz Lang, Columbia, 1953.
93b Broderick Crawford et Gloria Grahame dans *Désirs*

CHAPITRE V



TÉMOIGNAGES ET DOCUMENTS

## INDEX

Les films criminels américains sont indexés dans la filmographie qui précède.

### A



### B



### C

## CRÉDITS PHOTOGRAPHIQUES

Academy of Motion Picture Arts & Science, Beverley Hills 19b. British Film Institute, Londres 1er plat, 15, 18m, 19h, 28, 34/35, 35, 36/37, 38, 50/51, 55, 65, 91m, 91b, 92/93,98, 105h, 106/107, 107, 109, 111h, 115b, 117h, 118/119, 120/121, 121, 122b, 123h, 123b, 129, 143, 144, 147, 173, 175, 183. Brigham Young University 12. Bibliothèque nationale, Département des arts et du spectacle 130h, 131m, 131b, 132, 133h, 133b, 134. Cahiers du cinéma 11, 66/67, 67, 4e plat. Centre expérimental de cinéma, Rome 39, 62/63, 64b, 82b, 87h, 87b, 93, 94, 95h, 95bg, 95bd. Cinémathèque française, 18/19, 20, 22, 23, 24, 27, 40h, 46/47, 47h, 47b, 49, 52, 57b, 60/61, 62, 64h, 68/69, 70h, 70b, 72b, 73, 74, 76b, 77, 78h, 78m, 81g, 81d, 83h, 83b, 84h, 85h, 85b, 86b, 90, 148. Ciné Plus, Paris 1, 2/3, 4/5, 6/7, 8/9, 25h, 29, 33, 34, 40m, 43, 44/45, 48hg, 53, 76/77, 78/79, 96, 97h, 99, 100/101, 104, 108/109, 112, 113, 114, 115h, 116h, 116b, 119b, 124, 125h, 125b, 126h, 127, 130, 138, 149, 152, 153h, 153b, 154h, 154b, 156h, 156b, 157h, 157b, 163, 165, 167. Cleveland Museum of Art, USA 86h. Collection Michel Ciment, Paris 10, 16b, 17, 25b, 50, 63, 69, 71, 72h, 76m, 88h, 97b, 100, 102, 126b, 128, 160/161, 171, 177. Coll. part. 32h, 32/33, 45, 58, 79, 89, 102/103, 103, 105b, 122, 135, 136, 139, 146, 162, 168, 178, 181. Culver Pictures, New York 32m. DR 16h, 56d, 57h, 61b, 80g, 80d. Explorer/FPG, Paris. 14/15. Explorer 101. Archives Gallimard, 59b, 158, 159. Herald Tribune 110/111. Hulton Deutsch Collection, Londres 30b, 31, 54b, 60, 164. Keystone, Paris 41, 42g, 48hd, 48bg, 48bd, 58/59, 75, 111b, 112/113, 116/117. Kobal Collection, Londres, 54h, 56g, 82h, 118, dos. Library of Congress, Washington 21, 30h. Magnum, Paris 110. MOMA Still Archives, New York 13. New York International Center of Photography 88b. Popperfoto, Londres 140, 141, 166. Roger-Viollet 14h, 26/27, 42d, 59h. Toledo Museum of Art, USA 18. Whitney Museum of Art, New York 44, 84b.

## COLLABORATEURS EXTÉRIEURS

Vincent Lever a conçu la maquette de cet ouvrage. Philippe Nédellec a assuré le suivi de l'image et des légendes. Les dossiers des Témoignages et Documents situés en pages 130, 136, 140, 146 et 148 ont été traduits de l'américain par Marie-Caroline Aubert.